Fredi P. Büchel, Patrick Büchel

DELV
Das Eigene Lernen Verstehen

Fredi P. Büchel
Patrick Büchel

DELV
Das Eigene Lernen Verstehen

Ein Programm zur
Förderung des Lernens für
Jugendliche und Erwachsene

h e p
der bildungsverlag
www.hep-verlag.ch

der bildungsverlag
www.hep-verlag.ch

Zu den Autoren:

Fredi P. Büchel hat in unterschiedlichen Dienstleistungsbetrieben in Zürich gearbeitet. Nach Abschluss einer Fernmatura hat er an der Universität Freiburg/CH in Heilpädagogik und Psychologie studiert. Er promovierte 1978 in Heilpädagogik, Philosophie und Experimentalpsychologie. 1983 habilitierte er in allgemeiner Psychologie an der Universität Basel mit einer Arbeit über Lernstrategien in der beruflichen Ausbildung. Von 1985 bis 2008 war er ordentlicher Professor an der Faculté de Psychologie et des Sciences de l'Education der Universität Genf, zu deren Honorarprofessor er in der Folge ernannt wurde. Nebst seinen Arbeiten zum DELV-Programm hat er zum Thema Lernen und Lernstrategien mehr als 60 Publikationen veröffentlicht. Seit 30 Jahren hat er mit unterschiedlichen Forschungsgruppen wissenschaftliche Untersuchungen zu diesen Themen durchgeführt. Daneben gibt er regelmässig Weiterbildungskurse für Lehrerinnen und Lehrer aller Stufen. In den letzten Jahren hat er sich besonders in der Förderung von Lehrlingen und Lehrtöchtern mit besonderen Lernschwierigkeiten engagiert.

Patrick Büchel studierte an der Universität Freiburg/CH Philosophie und Informatik. 1991–92 arbeitete er als technischer Mitarbeiter im Nationalfondsprojekt «Pensée inductive et handicap mental» an der Faculté de Psychologie et des Sciences de l'Education der Universität Genf, wo er ein Programm zur Förderung des induktiven Denkens für Computer implementierte. Vor seiner Mitarbeit an der ersten Auflage des DELV-Programms arbeitete er an der Entwicklung eines Programms zur Optimierung des Denkens bei Führungskräften. Seit 2001 arbeitet er in Teilzeit als Webentwickler und kümmert sich in der übrigen Zeit um seine beiden Töchter. Seit Anfang Schuljahr 2010/11 betreut er zudem als Schulpfleger der Gemeinde Rafz/ZH das Ressort Kinder/Schüler (Sonderpädagogik).

Fredi P. Büchel, Patrick Büchel
DELV – Das eigene Lernen verstehen
Ein Programm zur Förderung des Lernens und Denkens für Jugendliche und Erwachsene
ISBN 978-3-03905-636-1

Mit finanzieller Unterstützung des BBT (Bundesamt für Berufsbildung und Technologie).

Bibliografische Information der Deutschen Nationalbibliothek:
Die Deutsche Nationalbibliothek verzeichnet diese Publikation
in der Deutschen Nationalbibliografie; detaillierte
bibliografische Angaben sind im Internet unter
http://dnb.d-nb.de abrufbar.

4., überarbeitete Auflage 2010

hep verlag ag
Brunngasse 36
CH-3011 Bern

www.hep-verlag.ch

Inhaltsverzeichnis

Vorwort zur 4. Auflage ... 9

Einführung in den Gebrauch des DELV-Programms ... 11

Übungen: Fenster ... 25

Betonwerk mit Kran ... 25

Hoch über der Skaterbahn ... 27

Sonntag am Strand ... 29

Transporter ... 31

Terrassierte Gärten ... 33

Hochhaus ... 35

Amsel in den Ästen ... 37

Abgedecktes Dach ... 39

Flugplatz ... 41

Tontopfböden ... 43

Übungen: Ergänzungsfiguren ... 45

Eingerahmte Himmelskörper ... 45

Lampion ... 47

Setzkasten ... 49

Kleine Figuren ... 51

Seifenblasen ... 53

Verschachtelte Figuren ... 55

Der Clown ... 57

Komposition mit Zickzack-Linie ... 59
Steine ... 61
Wilde Tiere ... 63
Ramira und Sebastian ... 65

Übungen: Bildstreifen ... 67

Citybike ... 67
Seerosen ... 69
Haus im Tessin mit Steintreppe und Stützmauern ... 71
Schubkarre ... 73
Fernheizung ... 75
Scuola Comunale ... 77
Tessinerhaus mit drei Palmen ... 79
Stichsäge ... 81
Baugerüst ... 83
Boulevard mit Autos ... 85
Drei Häuser mit Glyzinien links oben ... 87

Übungen: Zeichentafeln ... 89

Schwarze Zehn – 8 ... 89
i – 6 ... 89
e – 8 ... 91
h – 10 ... 91
Schwarze Rübe – 5 ... 93
Schwarzer Stern – 5 ... 93
Weisse Blume – 5 ... 95
Weisser Stern – 5 ... 95

Schwarzer Stern – 6 ... 97

Schwarzer horizontaler Pfeil – 7 ... 97

Übungen: Zeichenräder ... 99

Kreis – Pfeil ... 99

Trapez – Stern ... 101

Blume – Kristall ... 103

Übungen: Strategische Spiele ... 105

Spielregeln, Blatt I: Ausgangslage ... 105

Spielregeln, Blatt II: Strahlen aussenden ... 107

Spielregeln, Blatt III: Wirkung der Strahlen ... 109

König C8 – I ... 111

König D8 ... 113

König C8 – II ... 115

König F5 ... 117

König A8 – I ... 119

König D4 ... 121

König E1 ... 123

König G4 ... 125

König A1 ... 127

König A8 – II ... 129

Übungen: Würfel ... 131

Würfel der Gruppe 1 – Entgegengesetzte Fläche? ... 131

Würfel der Gruppe 1 – Ganzer Würfel gleich? ... 133

Würfel der Gruppe 1 – Abwicklungen gleich? ... 135

Würfel der Gruppe 2 – Entgegengesetzte Fläche? ... 137

Würfel der Gruppe 2 – Ganzer Würfel gleich? ... 139

Würfel der Gruppe 2 – Abwicklungen gleich? ... 141

Würfel der Gruppe 3 – Entgegengesetzte Fläche? ... 143

Würfel der Gruppe 3 – Ganzer Würfel gleich? ... 145

Würfel der Gruppe 3 – Abwicklungen gleich? ... 147

Übungen: Würfeltürme ... 149

Turm 2,1.4.3 ... 149

Turm 2,1.3.6 ... 151

Turm 2,6 ... 153

Turm 2,4 ... 155

Turm 3,4 ... 157

Turm 3,2 ... 159

Turm 4,6 ... 161

Turm 4,1 ... 163

Turm 5,5 ... 165

Vorwort zur 4. Auflage

Das DELV-Programm, das wir Ihnen hier vorlegen, hat eine lange Entstehungsgeschichte. Sie besteht aus 30 Jahren wissenschaftlicher Forschung und 25 Jahren praktischer Tätigkeit auf dem Gebiet der Lernförderung. Konzentrierten sich die frühen Arbeiten noch vorwiegend auf die Förderung lernschwacher und geistigbehinderter Kinder, so wurde bereits 1979 mit dem Nationalfondsprojekt «Verständnis eigener Lernprozesse bei Lehrlingen und Berufsarbeitern» eine Ausweitung in das Gebiet der Berufsausbildung vorgenommen. Mit diesen Forschungsarbeiten wurde ein Schwerpunkt eingeleitet, der sich sehr bald als fruchtbar für die wissenschaftliche und praktische Tätigkeit erwies. Die ersten Trainingsprogramme für die berufliche Ausbildung evaluierten wir an Banklehrlingen des Ausbildungszentrums der Schweizerischen Bankgesellschaft in Basel sowie an Laboranten- und Chemikantenlehrlingen der Ausbildungszentren der ehemaligen Ciba-Geigy und Sandoz in Muttenz/BL.

Eine wesentliche theoretische und pädagogische Belebung für unsere Forschungsarbeit bedeutete die Auseinandersetzung mit dem Werk von Prof. Reuven Feuerstein, Bar Ilan University, Ramat Gan, Israel. Feuerstein stellte für uns eine Herausforderung dar, sowohl in wissenschaftlicher wie auch in persönlicher Hinsicht. Wissenschaftlich zwang er uns, die Entwicklung und Evaluierung von Lernstrategien mit dem Begriff der Lernfähigkeit in einen Zusammenhang zu bringen. Wichtiger aber noch war der Einfluss Feuersteins auf die persönliche und wissenschaftstheoretische Entwicklung des Erstautors. In den Jahren wissenschaftlicher und praktischer Zusammenarbeit mit Reuven Feuerstein verstand er nach und nach, dass die Förderung des Lernens und Denkens nicht einfach ein Spezialgebiet experimentalpsychologischer Forschung darstellt, sondern auch – und sogar in erster Linie – eine bewusste pädagogische Entscheidung. Eine Entscheidung für den erzieherischen Optimismus und eine Entscheidung für ein sozial-kognitives Verständnis der menschlichen Entwicklung.

Das DELV-Programm verdankt seine Entstehung diesem neuen pädagogischen Bewusstsein. Es wäre aber falsch zu sagen, allein das pädagogische Engagement hätte uns zu dieser langwierigen und nicht immer leichten Aufgabe verleitet. Auch wissenschaftlicher Ehrgeiz und unser allgemeines Interesse an der Berufsbildung standen hinter dieser Entwicklung. Und nicht zuletzt auch die Freude am kreativen Produzieren und das intellektuelle und künstlerische Vergnügen, das sich aus der Zusammenarbeit der beiden Autoren ergab. Der wissenschaftliche Ehrgeiz bestand darin, ein praktisch ausgerichtetes Lernförderprogramm zu schaffen, das sich streng an einer kognitiven Theorie der Informationsverarbeitung orientiert.

Hunderte von Teilnehmerinnen und Teilnehmern von Ausbildungskursen haben zu den Verbesserungen beigetragen, die es uns erlaubten, eine dritte, vollständig überarbeitete Auflage zu entwickeln. Dank ihren wertvollen Vorschlägen haben wir mehr oder weniger das gesamte Programm neu gestaltet. Auf der graphischen Seite wurden sämtliche Übungen den neuen Standards angepasst. Die alten, manchmal etwas wackeligen Photos der *Fenster* und *Bildstreifen* wurden durch thematisch aktuellere, hochauflösende Bilder ersetzt. Die wichtigsten Änderungen betreffen die didaktische Gestaltung des Programms. In allen Aufgabenserien variieren die Anweisungstexte von Aufgabe zu Aufgabe. Damit erlauben die DELV-Übungen auch eine pädagogische Arbeit auf der sprachlichen Ebene, obwohl diese nach wie vor nicht zu den Hauptzielen des Programms zählt. Das wichtigste Ziel des DELV-Programms bleibt die Entdeckung und Verbesserung der eigenen Lerngewohnheiten. Das erfordert eine intensive und individualisierte Mediation durch die Lehrperson. Und es erfordert die Bereitschaft der Schülerinnen und Schüler, sich die richtigen Fragen zu stellen. In den ersten beiden Auflagen haben wir festgestellt, dass diese beiden Bedingungen nicht immer zufriedenstellend erfüllt waren. Um auf dieser Ebene Hilfe und Anregungen zu bieten, haben wir alle Aufgaben mit Fragen versehen, die das Nachdenken über sich selber und über die Aufgaben fördern sollen und die zum Transfer in schulische und betriebliche Anwendungen anregen. Allerdings hat jede Verbesserung ihren Preis. Konnten in den ersten beiden Auflagen die Übungen in fast beliebiger Reihenfolge durchlaufen werden, so verlangt die erfolgreiche Bearbeitung des neuen Programms, dass man sich an die vorgegebene Reihenfolge hält; dies aus dem einfachen Grund, dass wir uns regelmässig auf frühere Aufgaben beziehen. In neueren Forschungsprojekten haben wir festgestellt, dass solche programminternen Vergleiche ein ausgezeichnetes Mittel zur Vorbereitung des Transfers auf schulische und betriebliche Situationen darstellen. Wir hoffen, dass die Lehrkräfte, die das Programm mit ihren Klassen durchführen, uns diesen relativen Verlust pädagogischer Freiheit verzeihen werden.

Das neue DELV hat bei den Kolleginnen und Kollegen so guten Anklang gefunden, dass wir bereits ein Jahr später eine korrigierte und verbesserte Neuauflage vorlegen können. Lehrkräfte sowie Schülerinnen und Schüler haben uns auf grafische und sprachliche Fehler aufmerksam gemacht, die wir inzwischen korrigiert haben. Wir haben auch die Gelegenheit zu einer – wenn auch bescheidenen – didaktischen Verbesserung genutzt. In den Texten, welche die Übungen begleiten, wurden die wichtigsten Strategien und theoretischen Erklärungen grafisch hervorgehoben. Wir hoffen, damit zu einem vertieften Arbeiten mit diesen Texten beizutragen.

Zuletzt bleibt uns, all denen zu danken, die am Erfolg des DELV-Programms mitbeteiligt sind. Wie schon in den früheren Ausgaben gilt dieser Dank vor allem Res Grassi und Ursula Scharnhorst von der Eidgenössischen Hochschule für Berufsbildung (EHB) in Zollikofen. Ohne ihre aktive Unterstützung bei der konzeptuellen und didaktischen Verbesserung des Programms, aber auch bei der Organisation all der vielen Weiterbildungskurse, wäre das DELV nie aus den Kinderschuhen entwachsen. Besonderer Dank gilt auch den Mitarbeitern des Erstautors an der Universität Genf, ganz besonders Nadine Kipfer und Jean-Louis Berger, die sich in den letzten Jahren zu unentbehrlichen Forschungsmitarbeitern entwickelt haben. Und Dank sei auch allen Teilnehmerinnen und Teilnehmern von Weiterbildungskursen ausgesprochen, die uns in mannigfaltiger Weise zum Weitermachen ermuntert haben. Hätten uns Beatrice Sager und Peter Egger vom hep verlag nicht zur Entwicklung des neuen DELV aufgefordert, dann hätten wir wohl nie den Mut zu diesem Unternehmen gefunden. Geraldine Blatter vom hep verlag danken wir für ihre aktive Betreuung und Unterstützung durch den ganzen Entstehungsprozess hindurch. Hätten uns schliesslich unsere Familien nicht durch viele Verzichte und Übernahmen üblicher Pflichten die für die Arbeit am DELV nötige Zeit geschaffen, dann wäre dieses Unternehmen nie zu einem glücklichen Ende gekommen.

Tegna/TI und Rafz/ZH, im September 2010 — Fredi und Patrick Büchel

Einführung in den Gebrauch des DELV-Programms

Können die Intelligenz, das Lernen und das Denken trainiert werden?

Noch zu Beginn dieses Jahrhunderts waren Laien und Fachleute überzeugt, dass die menschliche Intelligenz genauso vererbt sei wie die Haarfarbe oder andere Körpermerkmale. Daraus wurde abgeleitet, dass auch die Fähigkeit, wirkungsvoll zu lernen und klar zu denken, vererbt und somit unveränderbar sei. In der Zwischenzeit sind auf der ganzen Welt Tausende von wissenschaftlichen Untersuchungen durchgeführt worden, die diese Meinung ins Wanken gebracht haben.

Wenn mit Personen aus mehreren Generationen (zum Beispiel Grosseltern, Eltern, Kindern) Intelligenztests durchgeführt werden, so stellt man eine gewisse Übereinstimmung in den Testleistungen fest. Aus dieser Beobachtung hatte man im vorigen Jahrhundert geschlossen, dass die Intelligenz vererbt sei. Man kann sich die Übereinstimmung aber auch als Folge von Erziehungseinflüssen erklären. Die Erziehung durch Eltern, Lehrer, ältere Geschwister und andere Bezugspersonen prägt nämlich die Persönlichkeit der Kinder viel stärker als man glaubte. Einerseits dienen Eltern und andere Erwachsene den Kindern als Modelle, die diese beobachten und nachahmen. Anderseits gestalten die Eltern den Erziehungsprozess auch aktiv, indem sie die Aufmerksamkeit der Kinder auf Wesentliches lenken, ihnen Anweisungen geben, sie loben oder tadeln, ihre Fragen beantworten und ihnen helfen, die Welt zu verstehen.

Die natürliche Entwicklung der Intelligenz

Eltern und andere Bezugspersonen dienen den Kindern als Modell für fast alles, was diese lernen müssen. Die Kinder beobachten, wie die grösseren Leute sich benehmen, wie sie sprechen, was sie schätzen und was sie ablehnen; und sie versuchen es ihnen gleichzutun. Die Kinder lernen aber von den Grösseren auch, wie man denkt und lernt. Wenn man die Wirksamkeit der Erziehung und der Beeinflussung durch die Modellwirkung bedenkt, dann erstaunt es nicht, dass Personen verschiedener Generationen die Aufgaben in Intelligenztests auf ähnliche Art lösen und somit zu ähnlichen Resultaten kommen. Die Intelligenzleistungen werden also nicht in erster Linie durch die Gene vererbt, sondern durch die Erziehung. Lernen wird durch Lernen gelernt. Als kleine Kinder haben wir beobachtet, wie die Grossen lernten, und wir haben ihre Anweisungen befolgt. Und weil für kleine Kinder Erwachsene fast unfehlbar sind, haben wir geglaubt, dass es so, wie es die Erwachsenen tun, am besten sei. Und wir haben versucht, es ihnen gleichzutun.

Wenn Sie heute als Jugendlicher oder Erwachsener über Ihre persönliche Geschichte des Lernens nachdenken, so fällt es Ihnen vielleicht schwer zu akzeptieren, dass Sie so wichtige Dinge wie Lernen und Denken einfach den Grösseren abgeschaut haben sollen. Aber beobachten Sie die Kinder im Vorschulalter, und Sie werden sehen, wie sehr diese die Grossen bewundern und ihnen nacheifern.

Die aktive und passive Beeinflussung der Kleinen durch die Grossen bildet die Grundlage menschlichen Denkens und Lernens. Sie ist auch die Grundlage unserer Kultur. Das heisst aber nicht, dass die Entwicklung unseres Lernens ein ganzes Leben lang nur von den andern abhängt. Es bedeutet auch nicht, dass wir keine Verantwortung tragen für die Entwicklung unseres eigenen Denkens und Lernens, für die Entwicklung unserer Intelligenz. Bereits im Primarschulalter beginnen wir nämlich, über unser eigenes Denken nachzudenken. Wir beginnen, uns beim Denken und Lernen selber zu beobachten. Da man in der Wissenschaft Lernen und Denken als Kognition bezeichnet, spricht man von Metakognition, wenn Leute über ihr eigenes Lernen und Denken nachdenken. Dieses Nachdenken über die eigenen Kognitionen erlaubte uns bereits im Primarschulalter, unser Lernen und Denken wirkungsvoller zu gestalten, indem wir die Prozesse und Ergebnisse bewusst kontrollierten. Diese bewusste Kontrolle des eigenen Lernens bedeutet, dass wir uns Ziele setzen, die Schwierigkeit einer Aufgabe einschätzen und mögliche Probleme vorhersehen. Man nennt dies Antizipation. Eine erfolgreiche Antizipation erlaubt uns, das Lernen und Problemlösen zu planen und den Erfolg zu kontrollieren. Diese drei kognitiven Tätigkeiten (antizipieren, planen und kontrollieren) werden als metakognitive Strategien bezeichnet. Ist die Selbstkontrolle während der Primarschule noch zaghaft und unsystematisch, so entwickeln wir nach dem 12. bis 14. Lebensjahr ein grosses Interesse an uns selber. Wir beobachten uns im Spiegel, wir fragen uns, wie wir auf andere Personen wirken, und wir stellen uns systematisch Fragen über unser eigenes Denken und Lernen. Wir versuchen Dinge zu denken, die wir uns vorher noch gar nicht vorstellen konnten, und wir beobachten auch die Wirksamkeit unseres Denkens und Lernens viel systematischer als vorher.

Später, als Jugendliche und Erwachsene in der beruflichen oder akademischen Ausbildung oder in der Ausübung eines Berufs, kann es vorkommen, dass wir uns mit Anforderungen konfrontiert sehen, denen wir uns intellektuell nicht gewachsen fühlen. Wir stellen uns dann die Frage, ob unsere Lernfähigkeit auch in diesem Alter noch entwickelt werden kann. Gibt es Methoden, welche Jugendlichen und Erwachsenen helfen, wirkungsvoller zu lernen und zu denken?

Komponenten des Lernens und Denkens

Um diese Fragen zu beantworten, überlegen wir uns nochmals, wie sich Denken und Lernen entwickelt haben. Im Vorschulalter lernten Sie das Lernen und Denken einerseits durch Beobachtung Ihrer Bezugspersonen und anderseits durch deren Anweisungen, deren Lob oder Tadel; aber auch die unangeleitete eigene Entdeckung spielte eine gewisse Rolle.

Es kann sein, dass Sie als kleines Kind nicht genügend Bezugspersonen um sich herum hatten. Vielleicht mussten Ihre Eltern hart arbeiten und waren abends zu müde, um sich noch genügend mit Ihnen zu beschäftigen. Vielleicht mieden sie sogar Ihre Anwesenheit, weil sie den Kinderlärm und das ewige Fragen nicht ertrugen. Dadurch hatten Sie einfach zu wenig Gelegenheit, Ihre Eltern zu beobachten und zu imitieren oder deren Anweisungen zu befolgen. In diesem Fall müssen Sie die Grundelemente des Denkens und Lernens neu einüben. Viele von uns hatten als Kinder nicht genügend Gelegenheit, alle Grundelemente des Denkens und Lernens zu erwerben und genügend einzuüben. Wir brauchen deshalb nicht zu resignieren. Das kann nachgeholt werden. In den DELV-Übungen haben wir viele Gelegenheiten geschaffen, Grundprozesse der Wahrnehmung, der Aufmerksamkeit, des Denkens und des Behaltens an uns selber zu entdecken, zu beobachten, zu verbessern und zu üben.

Es ist auch möglich, dass einzelne Ihrer damaligen Bezugspersonen, ohne es zu wollen, Dinge modelliert haben, die gar nicht wirkungsvoll sind für das Denken und Lernen. Zum Beispiel haben früher viele Leute gemeint, einen Text mehrmals durchzulesen sei eine gute Strategie, um seinen Inhalt zu verstehen. Heutzutage wissen wir, dass dies eine unwirksame Strategie ist. Früher glaubten auch viele Leute, Aufmerksamkeit bedeute, starr in die Luft zu schauen, den Kopf zwischen die Hände zu halten oder in das Buch zu schauen, als wolle man mit den Augen Löcher in die Seiten brennen. Heutzutage wissen wir, dass Aufmerksamkeit gar nichts mit diesen Dingen zu tun hat. Wenn wir die Aufmerksamkeit fördern wollen, müssen wir uns Strategien aneignen, die eine Überlastung des Gedächtnisses verhindern. Wenn Sie als Kind Strategien erworben haben, die unwirksam oder gar schädlich sind, dann ist es auch im Erwachsenenalter noch nicht zu spät, solche Scheinstrategien durch wirkungsvolle Strategien zu ersetzen. Dazu müssen Sie Ihr eigenes Lernen besser verstehen. In den DELV-Aufgaben können Sie erfahren, welche Prozesse beim Lernen aktiv sind, und Sie können lernen, diese Prozesse richtig einzusetzen. Arbeiten Sie die Übungen systematisch durch und versuchen Sie, die jeweiligen Fragen zu beantworten.

Das Programm DELV hilft Ihnen, Ihr eigenes Lernen und Denken durch die Anwendung geeigneter Strategien erfolgreicher zu gestalten. Dabei gilt der folgende Grundsatz: Um wirksame Prozesse und Strategien des Lernens und Denkens zu erwerben, müssen wir uns zuerst einmal unserer bisherigen Gewohnheiten bewusst werden. Lernprozesse laufen nämlich zum grossen Teil unbewusst ab. Unbewusstes Verhalten können wir aber nicht korrigieren. Deshalb beginnt jedes erfolgreiche Lerntraining mit der bewussten Beobachtung unseres eigenen Verhaltens und desjenigen anderer Personen. In dieser Phase sollten wir unser Verhalten auch bewusst mit demjenigen unserer Kolleginnen und Kollegen vergleichen. Und wir sollten mit ihnen über diese Beobachtungen diskutieren. Deshalb werden die DELV-Übungen, wenn immer möglich, zu zweit gelöst. Das bewusste Beobachten des eigenen Lernens und die Diskussion dieser Beobachtungen kosten Zeit. Deshalb werden Sie zu Beginn etwas langsamer arbeiten als gewohnt. Jede Serie des DELV-Programms enthält genügend Aufgaben, um die korrigierten oder neu erworbenen Strategien einzuüben. Mit der Zeit werden diese sich automatisieren und Sie werden merken, dass Sie neue Lerngewohnheiten erworben haben. In dieser zweiten Phase, in der die neuen Strategien zu neuen Gewohnheiten geworden sind, werden Sie feststellen, dass Sie wieder genau so schnell arbeiten wie früher – und erst noch erfolgreicher.

Vielleicht haben Ihre Eltern oder Lehrpersonen Ihnen, ohne es zu wollen, die Freude am Lernen ausgetrieben, indem sie zu streng waren, zu wenig lobten oder zu wenig Hilfe gaben. Vielleicht haben Sie zu oft beobachtet, wie Ihre Eltern vor Problemen resignierten, und Sie haben dabei gelernt, selbst zu resignieren anstatt die Probleme aktiv anzupacken. Vielleicht haben Sie gelernt, Ihren Erfolg und Misserfolg eher dem Pech zuzuschreiben anstatt sich selber. Aber auch ungünstige Einstellungen dem Lernen gegenüber können geändert werden. In den DELV-Übungen haben wir absichtlich keine schulischen Inhalte gewählt, weil wir wollten, dass Sie sich selbst einmal ganz neu erfahren können. Sie werden sehen, dass das Lösen der Aufgaben viel Spass machen kann. Diese Erfahrung kann Ihnen helfen, dem Lernen und Denken eine neue positive Seite abzugewinnen. Trotzdem werden Sie in den Fragen, welche die Übungen begleiten, regelmässig aufgefordert, sich zu überlegen, in welchen schulischen oder beruflichen Situationen Sie die eingeübten Strategien erfolgreich anwenden können. Beantworten Sie diese Fragen gewissenhaft und diskutieren Sie sie mit Ihren Kolleginnen und Kollegen. Ziel des DELV-Programms ist es, Ihr schulisches und berufliches Lernen zu verbessern und zu vereinfachen. Dies wird Ihnen helfen, ein erfolgreicherer und glücklicherer Mensch zu werden.

Es kann sein, dass Sie die automatische und/oder die bewusste Kontrolle des Lernens nie genügend einüben konnten. Vielleicht wurden Sie im Primarschulalter und im frühen Jugendalter zu sehr behütet. Sie hatten deshalb gar keine Gelegenheit, sich selbst genügend auszuprobieren. Sie sahen keinen Grund, sich selbst zu kontrollieren, da Sie von aussen schon genügend kontrolliert wurden. Vielleicht aber durchlebten Sie ganz einfach eine Krisenzeit, in der Sie jede Planung und Kontrolle ablehnten. In diesem Fall werden Ihnen die DELV-Übungen vor allem helfen, die metakognitiven Strategien (vorhersehen, planen und kontrollieren) zu üben und dadurch ein selbstständigerer Mensch zu werden.

Die Fähigkeit, wirkungsvoll zu lernen und klar zu denken, ist nur zu einem kleinen Teil von der allgemeinen Intelligenz bestimmt. Alle Menschen – unabhängig vom Anteil der vererbten Intelligenz – können Ihre Lern- und Denkfähigkeit verbessern. Das DELV-Programm möchte Ihnen dazu eine kleine Hilfe bieten.

Ziele und Aufbau des DELV-Programms

Mit dem DELV-Programm möchten wir Ihnen Gelegenheit geben, Ihr eigenes Lernen besser zu verstehen und dadurch wirkungsvoller zu gestalten. Das Programm baut auf zwei Arten des Lernens auf: einerseits auf dem Lernen durch Einsicht und anderseits auf dem Lernen durch Selbsterfahrung.

Lernen durch Einsicht

Alle DELV-Aufgaben sind von kleinen Texten und Fragen begleitet. Diese dienen dazu, Sie langsam und stufenweise mit Ihren bisherigen Ansichten über das Lernen und Denken zu konfrontieren und diese durch wissenschaftliche Erkenntnisse zu ergänzen. Diesem Ziel dient auch diese Einführung. Sofern Sie noch in einer schulischen Ausbildung sind, wird Ihre Lehrperson Ihnen zusätzliche theoretische Erkenntnisse vermitteln. Das DELV-Programm ist nämlich von einem Lehrerhandbuch begleitet, das den Lehrpersonen vertieftes theoretisches Wissen anbietet.

Das DELV-Programm orientiert sich hauptsächlich an einem theoretischen Modell des menschlichen Gedächtnisses, das wir Ihnen am Schluss dieser Einführung kurz vorstellen werden.

Lernen durch Selbsterfahrung: Die DELV-Übungen

Lernen durch Einsicht verbessert unser Verständnis der Dinge, es hilft uns aber nur wenig, wenn es darum geht, alte Gewohnheiten zu ändern oder neue zu erwerben. Hier hilft nur Lernen durch Selbsterfahrung. Mit Hilfe der Übungen können Sie sich der bisherigen Lerngewohnheiten (Gewohnheiten der Wahrnehmung, der Steuerung der Aufmerksamkeit, des Denkens, des Memorisierens) bewusst werden, Sie können erfahren, ob diese wirksam sind oder nicht, und Sie können sie, wenn nötig, verbessern oder durch neue ersetzen.

Vielleicht wollen Sie die Übungen für sich selbst durcharbeiten. Viel besser aber ist es, wenn Sie diese zu zweit machen. Es ist nämlich für den Lernerfolg wichtig, dass Sie sich zu jeder Übung überlegen, wie Sie sie gemacht haben und warum Sie so und nicht anders vorgegangen sind. Wenn Sie die Übungen alleine lösen, ist die Gefahr gross, dass Sie sich zu wenig Zeit für die Überlegungen und Argumentationen nehmen. Wenn Sie jedoch die Übungen mit jemandem zusammen machen, werden Sie notgedrungen argumentieren müssen, um Ihren Partner oder Ihre Partnerin von der Richtigkeit Ihrer Strategie und Ihrer Lösung zu überzeugen. Das ist der beste Weg zur Bewusstmachung.

Das Übungsbuch besteht aus acht Serien. Jede Serie führt 2–3 kognitive oder metakognitive Strategien ein. Dies ist das Hauptziel der Serie. Kognitive Strategien sind solche, die direkt kognitive Prozesse auslösen, zum Beispiel vergleichen oder gruppieren. Metakognitive Strategien (antizipieren, planen, kontrollieren) steuern die kognitiven Prozesse. Die metakognitiven Strategien sind in jeder Serie vorhanden, auch wenn sie nicht unbedingt das Hauptziel der Serie darstellen.

In den *Fenstern* lernen Sie, Ihre Aufmerksamkeit zu verbessern durch eine präzise Beschreibung dessen, was Sie suchen. Sie lernen auch, Ihre Aufmerksamkeit richtig zu organisieren und Ihr Gedächtnis nicht zu überlasten.

In den *Ergänzungsfiguren* üben Sie, Anweisungen genau zu lesen, Ihr Vorgehen zu planen und mögliche Schwierigkeiten vorherzusehen. Sie lernen auch, Ihre Lösungen möglichst wirkungsvoll und einfach zu kontrollieren.

In den *Bildstreifen* schaffen Sie innere Vorstellungen mit Hilfe gegebener Teilinformationen. Sie konzentrieren sich auf Leitmotive und natürliche Ordnungsstrukturen. Sie lernen auch, diese Informationen aufzuteilen, um den einen Teil zur Suche von zusammengehörenden Bildelementen und den anderen zu deren Kontrolle zu verwenden.

Mit den *Zeichentafeln* lernen Sie, die Modellzeichen kurz und einprägsam zu beschreiben und mehrere Zeichen durch Oberbegriffe zusammenzufassen. Dadurch beschleunigen Sie die Such- und Kontrollprozesse.

Die *Zeichenräder* sollen Sie dazu anregen, schwierige Probleme genau zu analysieren. Sie lernen, auf Ihre eigenen Gefühle zu achten, spielerisch und kreativ neue Strategien auszuprobieren und sich von alten Denkschemen zu lösen. In diesen Übungen lernen Sie auch, sich externe Gedächtnisse zu schaffen. Anstatt alles im Kopf zu behalten und damit eine Überlastung des Gedächtnisses zu produzieren, ist es oft vernünftiger, einen Teil der Gedächtnislast nach aussen zu verlagern, indem wir kleine Skizzen zeichnen oder Notizen verwenden. In den nachfolgenden Aufgaben werden Sie Gelegenheit haben, die Strategie der externen Gedächtnisse zu perfektionieren und auszuweiten.

Die metakognitiven Strategien sind in allen Lern- und Denktätigkeiten enthalten. Sie werden deshalb in allen DELV-Aufgaben mitgeübt. Häufig ist es aber schwierig, das eigene Antizipieren, Planen und Kontrollieren so richtig zu beobachten. Die *strategischen Spiele* verlangen eine intensive Planung vor der Ausführung. Damit erhalten Sie Gelegenheit, Ihr eigenes Planen bei komplexen Problemen zu beobachten und wenn nötig zu verbessern.

Besonders in den technischen Berufen stellt der Umgang mit dreidimensionalen Figuren ein häufiges Problem dar. Dabei ist es wichtig, dass Sie sich gleichzeitig die Figur vorstellen und irgendwelche Operationen daran vornehmen. Das gilt für Schulfächer wie Geometrie oder Technisches Zeichnen, es gilt aber auch für praktische Arbeiten, zum Beispiel das Herstellen eines Gegenstandes aus Holz oder Eisen. Mit den *Würfeln und Würfeltürmen* üben Sie, dreidimensionale Figuren in Ihrer Vorstellung zu manipulieren, ohne dabei die Aufmerksamkeit zu überlasten.

Unsere Intelligenz, unsere Fähigkeit zu lernen, zu denken und Probleme zu lösen, können trainiert werden. Das verlangt allerdings, dass wir an uns selbst arbeiten. Es gibt kein Zaubermittel der Intelligenzförderung. Das DELV-Programm möchte Ihnen für diese Arbeit an sich selbst Anregungen und konkrete Hilfen geben. Aber das DELV-Programm verspricht keine Wunder. Die Texte und Übungen müssen genauso ernsthaft durchgearbeitet werden wie bei irgendeinem anderen Programm. Wir haben uns allerdings bemüht, die Übungen so zu gestalten, dass sie Spass machen. Wir können Ihnen auch garantieren, dass das Programm strengen wissenschaftlichen Kontrollen unterworfen wurde. Seit der ersten Auflage im Jahre 1993 wurden an der Universität Genf regelmässig Forschungen über die Wirksamkeit des Programms durchgeführt. Zusätzlich wurden in den letzten Jahren zwei mehrjährige Forschungsprojekte in Zusammenarbeit mit der Eidgenössischen Hochschule für Berufsbildung (EHB) in Zollikofen respektive dem Institut Fédéral des Hautes Ecoles en Formation Professionnelle (IFFP) in Lausanne durchgeführt. Alle diese Forschungen haben gezeigt, dass das DELV-Programm, wenn es ernsthaft durchgeführt wird, zu bedeutsamen Lerneffekten führt, die sich über längere Zeit erhalten und auf das schulische Lernen übertragen werden.

Ein Modell des menschlichen Gedächtnisses

Dieser Text ist eine einfache Beschreibung des menschlichen Lernens. Wir fragen uns zuerst, wie das Gedächtnis aufgebaut ist; dies ist die strukturelle Frage des Lernens. Danach fragen wir uns, welche

Prozesse beim Lernen ablaufen; dies ist die funktionelle Frage des Lernens. Und zuletzt überlegen wir, ob es auch Prozesse gibt, die das Lernen hemmen, Prozesse, die uns gar nicht bewusst sind.

Damit Sie die Prozesse des Lernens von innen heraus verstehen, möchten wir Ihnen hier zeigen, wie Forscher sich vorstellen, dass das Wahrnehmen, Lernen und Behalten funktioniert. Diese theoretischen Überlegungen werden üblicherweise in einem Gedächtnismodell dargestellt, das sowohl strukturelle als auch funktionelle Gesichtspunkte enthält.

Die meisten Forscher stellen sich vor, dass das Gedächtnis aus drei Speichern besteht. Anstatt von drei Speichern könnte man auch von drei Teil-Gedächtnissen sprechen. Es handelt sich um das Ultrakurzzeitgedächtnis, das Kurzzeitgedächtnis und das Langzeitgedächtnis. Selbstverständlich sind die Psychologen nicht so naiv, zu glauben, die drei Gedächtnisse würden drei unterschiedlichen Hirnregionen entsprechen. Mit dem Modell der drei Teilgedächtnisse fassen die Forscher Besonderheiten im kognitiven Funktionieren zusammen.

Abb. 1: Ein Mehrspeichermodell der menschlichen Informationsverarbeitung

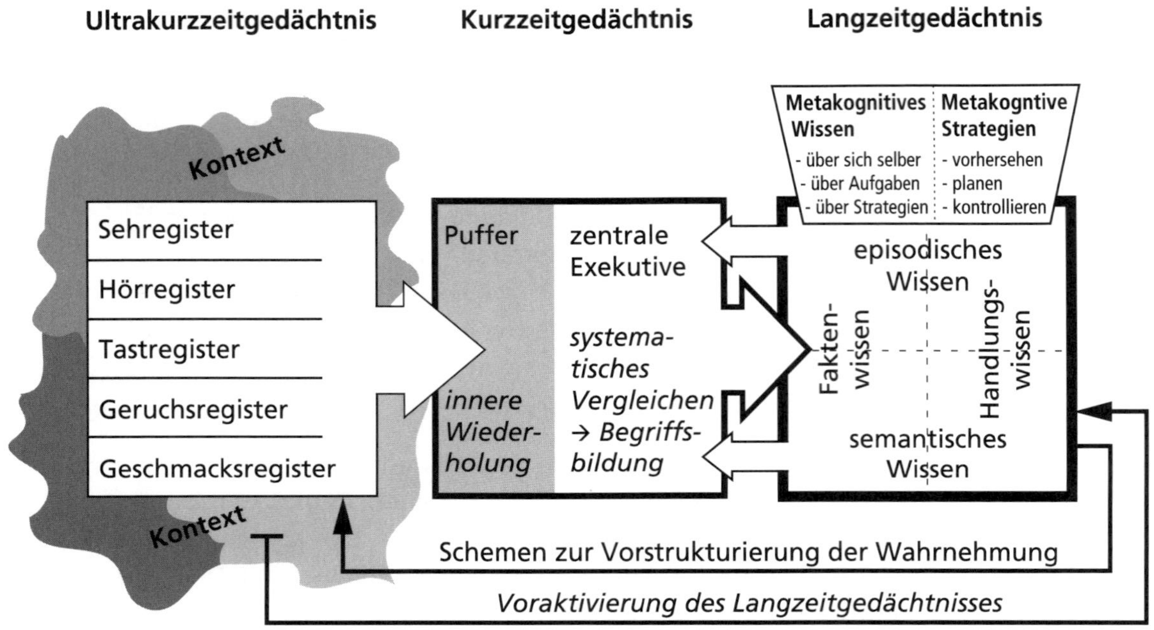

Das Ultrakurzzeitgedächtnis

Es kann seine Informationen nur Bruchteile von Sekunden behalten. Informationen, die innerhalb von einigen Millisekunden nicht weiterverarbeitet werden, gehen verloren. Das Ultrakurzzeitgedächtnis wird von einigen Forschern auch als sensorischer Speicher bezeichnet.

Auf der Stufe der sensorischen Speicher ist die Information nur in rein physikalischer Form vorhanden. Für das Sehregister können wir uns vorstellen, dass auf der Netzhaut (Retina) ein Punktemuster entsteht. Genau genommen handelt es sich um spezielle Zellen der Retina, nämlich um die Stäbchen und Zäpfchen, die entweder von Licht gereizt werden oder nicht. In beiden Fällen haben wir es mit digitaler Information zu tun, die erst in späteren Stufen der Informationsverarbeitung zu psychologisch sinnvollen Zeichen zusammengefasst wird.

Die Muster der sensorischen Speicher müssen sehr schnell abgerufen werden, weil sie durch nachfolgende Information verdrängt werden. Stellen Sie sich vor, dass das menschliche Auge fortwährend von Lichtstrahlen unterschiedlicher Intensität bombardiert wird. Die Stäbchen und Zäpfchen der Retina müssen also stets bereit sein zur Aufnahme neuer Information.

Weil über die sensorischen Register so viel Information gleichzeitig auf unsere Sinne wirkt, müssen wir Strategien zur Verfügung haben, die uns erlauben, die Informationsflut möglichst schnell zu verdichten. Die menschliche Intelligenz verdichtet Information, indem sie diese in ein Schema einpasst. In mehreren DELV-Übungen lernen Sie, die Prozesse der Informationssuche und des Vergleichens mehrerer Informationen dadurch zu verbessern, dass Sie die Wahrnehmung mit geeigneten Schemen strukturieren.

Das Kurzzeitgedächtnis (KZG)

Vom sensorischen Speicher wird die Information an das Kurzzeitgedächtnis (KZG) weitergegeben. Hier geschieht die Zusammenfassung physikalischer Information in psychologisch sinnvolle Zeichen oder Bilder. Dies ist eine gewaltige Leistung. Es erstaunt deshalb nicht, dass das Kurzzeitgedächtnis nur sehr wenig Information gleichzeitig behalten kann.

Das KZG (oft auch Arbeitsgedächtnis genannt) besteht aus zwei Abteilungen, dem **Puffer** und der **zentralen Exekutive (ZE)**. In der ZE wird die Information, die von den sensorischen Speichern eintrifft, systematisch mit dem Wissen verglichen, das im Langzeitgedächtnis gespeichert ist. Diese Vergleiche sind nötig, damit die neue Information den richtigen Inhalten im Langzeitgedächtnis (LZG) zugeordnet werden kann. Auf diese Art werden entweder neue Begriffe gebildet oder früher erworbene Begriffe präzisiert und ausgeweitet.

Diese Vergleichsarbeit kostet Zeit. Damit die Information im sensorischen Speicher nicht verloren geht, wird sie im Puffer zwischengespeichert, bis die zentrale Exekutive frei ist. Genau genommen unterscheidet man zwischen einem Puffer für verbale Information und einem andern für bildlich-räumliche Information. Im Puffer kann die Information einige Sekunden lang behalten werden. Die maximale Dauer der Zwischenspeicherung hängt davon ab, ob Sie die Information nur passiv aufnehmen oder aktiv verarbeiten. Schwierige Vergleiche können die ZE mehrere Sekunden lang in Anspruch nehmen. Für solche Fälle gibt es eine Strategie, die geübte Lerner automatisch einsetzen: Die Information wird innerlich wiederholt, bis die zentrale Exekutive die Tätigkeit des Vergleichens abgeschlossen hat und für neue Information frei ist.

Die Strategie des inneren Wiederholens können Sie auch ganz bewusst einsetzen, um so die Behaltenszeit des Puffers auszudehnen. Dadurch verlängert sich der Prozess der Informationsverarbeitung und Sie können präzisere Vergleiche anstellen. Das ist wichtig, weil präzises Vergleichen die Grundlage eines geordneten Wissens im LZG ist. Nur was Sie wohlgeordnet im LZG abgelegt haben, können Sie später wieder abrufen. Allerdings nimmt die innere Wiederholung Aufmerksamkeit in Anspruch, die Ihnen dann für die Prozesse des Vergleichens fehlt. Normalintelligente Jugendliche und Erwachsene können zwischen 5 und 9 Informationseinheiten gleichzeitig im Puffer behalten. Um eine Überlastung des KZG zu verhindern, sollten Sie die Information in sinnvolle Gruppen zusammenfassen und die Wiederholung automatisieren.

In den DELV-Übungen *Fenster* lernen Sie, Teile von komplexen Bildern in einen einzigen Begriff zusammenzufassen und dadurch Speicherkapazität zu sparen. Anstatt zum Beispiel zu sagen: «Das ist ein dunkles Dreieck mit einer Verlängerung unten», stellen Sie sich mit etwas Phantasie vor, dass es sich um ein Krokodil handelt (Übung «Sonntag am Strand», Fenster e). Der Begriff «Krokodil» bildet für Ihre Wahrnehmung ein genügend präzises Schema, um die beschriebene Figur zu suchen. Die

Phantasiebezeichnung «Krokodil» erlaubt Ihnen, die gesamte Beschreibung als eine einzige Informationseinheit innerlich zu wiederholen.

Das Langzeitgedächtnis (LZG)

Im Langzeitgedächtnis wird die Information endgültig gespeichert. Der Speicherplatz scheint unbeschränkt zu sein. Es gibt gute Gründe anzunehmen, dass die Information des Langzeitgedächtnisses sehr lange erhalten bleibt.

Vielleicht finden Sie jetzt, es sei ja ganz nett, dass wir so viel Information speichern können. Aber können wir diese Information auch wieder abrufen? Wir alle machen häufig die Erfahrung, dass wir uns nicht mehr an Dinge erinnern können, obwohl wir sicher sind, dass wir sie einmal gelernt haben. Wissen kann aus dem Langzeitgedächtnis nur dann wieder zuverlässig abgerufen werden, wenn es genügend vernetzt ist. Es ist somit wichtig, dass Sie jeden neuen Inhalt bewusst mit jenem Wissen vergleichen, das Sie bereits zu diesem Wissensgebiet besitzen. Wenn Sie sich an das Gelernte erinnern wollen, müssen Sie beim Lernen Beziehungen schaffen. In den DELV-Übungen *Bildstreifen* lernen Sie, aus Teilen von Bildern eine innere Vorstellung des gesamten Bildes zu entwickeln und dadurch Bruchstücke von Objekten in ihren Zusammenhang zu stellen.

Das Langzeitgedächtnis wird in verschiedene Abteilungen unterteilt: Nach dem Grad der Systematisierung unterscheidet man zwischen episodischer und semantischer Speicherung. Nach der Art der gespeicherten Information unterscheidet man zwischen Faktenwissen und Handlungswissen.

Bei der episodischen Speicherung wird die Information so gespeichert, wie sie wahrgenommen oder erlebt wurde. Sie haben zum Beispiel Ihren Bahnhof ziemlich genau im Langzeitgedächtnis gespeichert, und dies mit allem drum und dran. Vielleicht hat der Wartsaal einen etwas besonderen Geruch. Auch diesen Geruch haben Sie zusammen mit dem Bahnhof gespeichert. Vielleicht gab es eine Zeit, in der Sie auf dem Bahnhof Ihre Freundin oder Ihren Freund getroffen haben. Das dabei empfundene Gefühl ist ebenfalls ein Teil Ihrer Bahnhof-Erinnerung. Wir sehen, dass im Langzeitgedächtnis die Speicherung nicht mehr sinnesspezifisch erfolgt wie im Ultrakurzzeitgedächtnis. Das gilt aber nicht nur für Fakten, sondern auch für Handlungen. So haben wir etwa motorische Fertigkeiten wie Auto fahren oder ein Musikinstrument spielen als automatisierte Gesamtabläufe gespeichert. Wir brauchen uns nicht mehr an jede Teilbewegung zu erinnern. Das würde den flüssigen Ablauf sogar eher behindern.

Das ist aber nur die eine Art der Speicherung. Im Langzeitgedächtnis wird nämlich jede Information doppelt gespeichert. Sie haben Ihren Bahnhof nicht nur als Gesamtbild in Erinnerung. Auch seine einzelnen Bestandteile sind in Ihrem Gedächtnis aufgezeichnet: geometrische Formen, Längen, Farben, Gerüche, Gefühle. Jedesmal nämlich, wenn Sie den Bahnhof bewusst oder unbewusst angeschaut haben, hat Ihr Arbeitsgedächtnis eine Unmenge von Vergleichen angestellt. Verglichen aber wurden immer einzelne Teile, nicht der Gesamteindruck. Diese Vergleiche hinterlassen im Langzeitgedächtnis ihre Spuren. Wir entwickeln präzise Begriffe für unterschiedliche Winkel, für verschiedene Längen, für Geruchsvariationen usw. Deshalb sprechen wir von semantischer Speicherung. Diese Begriffe brauchen wir wieder zur Strukturierung der Wahrnehmung; wir nennen sie deshalb Wahrnehmungsschemen.

Die doppelte Speicherung hilft uns bei der Erinnerung. Wir können nämlich die Suche nach scheinbar vergessenen Inhalten damit beginnen, dass wir versuchen, uns an etwas Erlebnismässiges zu erinnern, zum Beispiel an einen Geruch, an eine Farbe, an ein Gefühl. Solche Assoziationen führen uns häufig auf die richtige Spur, die wir dann systematisch weiterverfolgen, indem wir auf das semantische Wissen zurückgreifen. Wir können aber auch den umgekehrten Weg einschlagen, indem wir bei den Begriffen beginnen, die uns zum episodischen Wissen führen. In den DELV-Aufgaben *Fenster* lernen

Sie, in «sinnlosen Formen» etwas Sinnvolles zu sehen, etwas, das Sie entweder aus Ihrem episodischen Wissen oder aus Ihrem semantischen Wissen entlehnen.

Die Beziehung zwischen den drei Gedächtnisspeichern

Wir haben gesehen, dass die neue Information in der zentralen Exekutive (ZE) systematisch verglichen wird mit dem früher erworbenen Wissen, das im LZG gespeichert ist. Dabei ergibt sich ein Problem der zeitlichen Koordination: Die sensorischen Register können ihre Information nur einige Millisekunden lang behalten. Deshalb wird alle neue Information zuerst einmal im Puffer zwischengespeichert. Die meiste Information, die nicht vom Puffer aufgenommen wird, geht verloren.

Aber auch der besttrainierte Puffer kann seine Information nicht beliebig lang behalten. Er muss sie möglichst schnell weitergeben, um wieder frei zu sein für neue Information. Weitergeben aber kann der Puffer nur an die ZE. Hier wird die Information systematisch verglichen mit dem früher erworbenen Wissen (man spricht von Vorwissen), das im LZG gespeichert ist. Die Tätigkeit des Vergleichens wird von geübten Lernern sehr schnell und trotzdem gründlich geleistet, während ungeübte Lerner langsam und ungenau vergleichen. Je schneller und genauer verglichen wird, umso schneller kann neue Information vom Puffer an die ZE weitergegeben werden.

Wenn Sie noch kein Experte im systematischen Vergleichen sind, brauchen Sie deswegen nicht aufzugeben. Diese Tätigkeit kann nämlich durch geeignete Übungen wirkungsvoll gesteigert werden. Da das systematische Vergleichen einen der wichtigsten Prozesse des Lernens darstellt, finden Sie im DELV mehrere Serien dazu. In den *Fenstern*, *Ergänzungsfiguren*, *Bildstreifen* und *Zeichentafeln* lernen Sie, nicht zu viel und nicht zu wenig Information gleichzeitig zu vergleichen. Sie lernen auch, Ihre Vergleichstätigkeit systematisch zu kontrollieren. Und Sie eignen sich eine Strategie an, die Ihnen erlaubt, die Gedächtnisbelastung möglichst gering zu halten.

Das schwierigste Koordinationsproblem stellt sich aber bereits bei der Wahrnehmung in den sensorischen Registern. Wir können nämlich nur wahrnehmen, was wir bereits suchen oder mindestens irgendwie erwarten. **Erwartungen** sind Inhalte des Langzeitgedächtnisses, die durch den Kontext aktiviert worden sind.

Was bedeutet Kontext? Der **Kontext** ist der Zusammenhang, in dem ein Ereignis wahrgenommen wird. Er ist die Situation, in der das Ereignis stattfindet. Es geht also hier um episodisches Wissen. Wir müssen den Kontext kennen, um ein Ereignis oder ein Problem zu verstehen. Den Satz «Erschöpft fiel der Mann auf die Wiese» verstehen wir nur, wenn wir den Kontext kennen, zum Beispiel dass es sich um einen Marathonläufer handelt, der am Ziel angelangt ist. Der Kontext hilft uns also, Erwartungen darüber zu entwickeln, welche Art von Ereignissen wir in einer bestimmten Situation wahrnehmen könnten. Für eine gute Wahrnehmung ist es wichtig, dass wir den Kontext genau analysieren, weil dadurch die nötigen Erwartungen aufgebaut werden. Wenn wir beim Lernen die richtigen Erwartungen aufgebaut haben, dann entdecken wir viele wesentliche Merkmale einer Aufgabe, ohne dass wir sie zu suchen brauchen.

Erwartungen werden also durch die Analyse des Kontextes automatisch aufgebaut. Wir können sie aber zusätzlich bewusst fördern, indem wir überlegen, was wir zu einem bestimmten Inhalt wissen. Wir suchen also das LZG ab. Bei beiden Methoden geht es darum, dass wir Erwartungen aufbauen, bevor wir sie wirklich brauchen. Erwartungen bestehen ja aus Inhalten aus dem LZG. Und vom LZG wissen wir, dass es seine Inhalte nur sehr langsam freigibt, viel zu langsam, um die Wahrnehmung zu unterstützen. Damit im Ultrakurzzeitgedächtnis nicht zu viel Information verloren geht, muss das LZG die nötigen Wahrnehmungsschemen sehr schnell (innerhalb der Zeit der automatischen inneren Wiederholung) zur Verfügung stellen. Das ist aber nur möglich, wenn die entsprechenden Inhalte voraktiviert sind. Genau diese **Voraktivierung** geschieht durch den Aufbau von Erwartungen. Wenn Sie also überlegen, was in einer Situation vorkommen könnte, dann versetzen Sie dadurch die entsprechenden Begriffe im Langzeitgedächtnis in einen aktiven Zustand. Dadurch können diese Begriffe innerhalb von Millisekunden abgerufen werden, anstatt innerhalb von Sekunden oder gar Minuten, wie das sonst für das LZG üblich ist.

Weil die Analyse des Kontextes für den Aufbau von Erwartungen so wichtig ist, haben wir mehrere Serien von DELV-Übungen dazu geschaffen. In den *Fenstern* lernen Sie, Ihre Wahrnehmung dadurch zu schärfen, dass Sie die grossen Bilder zuerst bewusst beschreiben, und zwar noch bevor Sie die gesuchten Bildteile (die Fenster) anschauen. So lernen Sie zum Beispiel, die Wirkungen der Perspektive zu beachten, zwischen hellen und dunklen Teilen oder feinen und groben Strukturen zu unterscheiden. Diese Analyse des Kontextes steuert anschliessend automatisch Ihre Wahrnehmung bei der Suche der Fenster. In den *Ergänzungsfiguren* lernen Sie, Bildergänzungen leichter zu finden, indem Sie sich überlegen, wie die Bilder eigentlich aufgebaut sind. In den *Bildstreifen* müssen Sie zerschnittene Bilder wieder in ihre richtige Reihenfolge bringen. Dazu benutzen Sie ein graphisches Leitmotiv, zum Beispiel ein Auto oder eine Mauer, das Ihnen erlaubt, eine innere Vorstellung des Bildes zu schaffen.

Die Steuerung des Lernens

Ein besonders wichtiger Bereich des Faktenwissens ist das Wissen über uns selbst. Wir nennen es Metawissen. Dieses Wissen steuert nämlich alle unsere Entscheidungen. Das Lernen wird aber nicht nur beeinflusst vom Bild, das wir von uns selbst haben. Wichtig ist auch das Verhältnis, das wir zu einzelnen Fächern oder Gegenständen haben. Wenn jemand ein Thema anschneidet, dann haben wir mindestens ein vages Gefühl, ob wir dazu etwas wissen oder nicht, ob wir uns in dieses Thema einarbeiten könnten oder nicht, ob es sich hier um ein furchtbar schwieriges Gebiet handelt oder um etwas leicht Verständliches.

Strategien der Lernvorbereitung

Wenn Sie sich vornehmen, ein Kapitel aus einem Lehrbuch durchzuarbeiten, dann überlegen Sie sich zuerst, wie viel Lernaufwand Sie betreiben möchten. Wollen Sie das Kapitel nur überfliegen oder wollen Sie es intensiv studieren, indem Sie Notizen machen, Schemen zeichnen und Zusammenfassungen schreiben? Der Entscheid hängt von Ihrem Anspruchsniveau und vom Lernziel ab, das Sie sich setzen. Müssen Sie über das Kapitel einen Vortrag halten oder eine Prüfung schreiben? Dann werden Sie sich intensiv mit dem Stoff auseinandersetzen, wahrscheinlich werden Sie sich sogar noch zusätzliche Informationsquellen besorgen. Wenn Sie bei einem Begriff nicht sicher sind, dass Sie ihn auch richtig verstehen, werden Sie in einem Lexikon nachschlagen. Diesen Aufwand betreiben Sie nicht, wenn Sie sich nur kurz informieren wollen, um bei einer allfälligen Diskussion wenigstens zu wissen, wovon gesprochen wird. In einer gewissen Abhängigkeit zum Lernaufwand steht der Entscheid über die Lernzeit, die Sie investieren wollen.

Wichtig ist auch, dass Sie sich überlegen, welche Lernbedingungen Sie antreffen werden. Müssen Sie mit besonderen Schwierigkeiten rechnen? Sehen Sie Fallen oder Gefahren, die Sie durch geeignete Massnahmen verhindern können? Denken Sie etwa an die Sicherheitsbestimmungen in einem Chemielabor oder an die Schutzvorkehrungen in einer Schreinerei oder einer mechanischen Werkstätte. Gefahren können häufig vermieden werden, wenn man sie vorhergesehen hat. Gezielte Kontrollen werden Sie nur dort durchführen, wo Sie sich möglicher Fehler bewusst sind.

In den DELV-Übungen *Strategische Spiele* lernen Sie, eine Reihe von Planungsschritten auszuführen, bevor Sie sich an die Lösung der Aufgabe machen. Auch in den DELV-Übungen *Würfel* und *Würfeltürme* spielt die vorbereitende Planung eine wichtige Rolle.

Strategien der Lernüberwachung

Der wichtigste Überwachungsprozess ist die Kontrolle des Verständnisses. Was wir einmal verstanden haben, das vergessen wir nicht so schnell wieder. Wenn wir konsequent jedes Wort, das wir nicht verstanden haben, in einem Wörterbuch nachschauen, dann schärfen wir auch unsere Aufmerksamkeit. Wenn wir Unverstandenes überlesen, dann riskieren wir, am Ende der Seite zu merken, dass wir gar nicht bei der Sache waren.

Leider enthalten die meisten Lehrtexte auch Fakten, die wir bewusst speichern müssen. Verständnis ist hier noch keine Garantie für das Behalten. Wir sollten deshalb beim Lernen laufend kontrollieren, ob wir wichtige Fakten auch genügend gut gespeichert haben. Das nennt man die laufende Kontrolle des Gedächtnisses.

Verdrängtes Wissen

Zu jedem Wissen haben wir auch bestimmte Merkmale der Situation mitgespeichert, in der wir uns das Wissen angeeignet haben. Alle Erfahrungen, die wir machen, sind mit guten oder schlechten Gefühlen verbunden. Das gilt auch für das Lernen. Wir stellen aber auch fest, dass wir uns an bestimmte Erfahrungen kaum mehr erinnern können, obwohl die Erfahrung gefühlsmässig sehr intensiv war. Die Psychoanalytiker sagen, wir hätten diese Erfahrungen verdrängt. Wir verdrängen jenes Wissen, das zum Zeitpunkt des Erwerbs mit schmerzhaften Gefühlen gekoppelt war. Es ist dann, als ob in unserem LZG jenes Wissen für immer in einem unzugänglichen Gefängnis eingeschlossen wäre. Der Schlüssel zu diesem Gefängnis heisst Schmerz oder Misserfolgserlebnis. Häufig haben wir sogar den Schlüssel verlegt. Es gibt nämlich viele Erlebnisse, die nur in einem bestimmten Lebensabschnitt schmerzhaft sind. Später haben wir Mühe, den Grund des früheren Schmerzes überhaupt noch nachzuvollziehen. Nehmen wir als Beispiel die Eifersucht unter Geschwistern. Es kommt häufig vor, dass kleine Kinder schmerzhafte Eifersucht empfinden, wenn Eltern oder Bekannte ihr jüngeres Geschwister loben. Wir alle durchlaufen ein Alter, in dem wir uns noch nicht vorstellen können, dass wir von den Eltern geliebt werden, auch wenn diese sich zeitweilig einem anderen Geschwister mehr zuwenden als uns. Es könnte zum Beispiel sein, dass der Vater mit einem jüngeren Geschwister ein Märchenbuch anschaut, während das ältere erfolglos versucht, die Aufmerksamkeit des Vaters auf sich zu lenken. Um trotzdem nicht ausgeschlossen zu sein, entschliesst es sich vielleicht, beim Erzählen mitzuhelfen, indem es seinem kleinen Geschwister jeweils im Voraus sagt, was folgen wird. Aber das Kleine interessiert sich nur für die Worte des Vaters, das Dreinschwatzen des älteren Geschwisters ist ihm offensichtlich lästig. Es ist leicht vorherzusagen, dass das erzählte Märchen beim älteren Kind mit einem Schmerzerlebnis gekoppelt ist. Um nicht mehr an den Schmerz erinnert zu werden, ist es nötig, das gesamte Ereignis zu «vergessen». Später kann sich die Person nicht mehr an die qualvolle Eifersucht erinnern. Wenn wir sie auf diese Möglichkeit ansprechen, wird sie unsere Interpretation weit von sich weisen mit der Begründung, sie wüsste nicht, warum sie auf ihr Geschwister hätte eifersüchtig sein sollen. Wir alle können uns an viele Dinge nicht mehr erinnern, weil wir uns das Erinnern verbieten, ohne dass wir uns dessen bewusst sind. Wenn es Dinge gibt, an die Sie sich um nichts in der Welt mehr erinnern können, obwohl Sie ziemlich sicher sind, dass Sie sie wissen sollten, dann überlegen Sie sich doch mal, ob der Inhalt vielleicht mit schmerzhaften Gefühlen gekoppelt war. Versuchen Sie sich bewusst an diese Gefühle zu erinnern. Sie befreien damit Ihr LZG von Mauern, die altes Wissen verschliessen.

Ursachenzuschreibungen

Es gibt einen weiteren Wissensbereich, der dafür entscheidend ist, ob wir etwas lernen oder nicht. Es handelt sich um persönliche Theorien darüber, warum wir in einem Gebiet Erfolg oder Misserfolg haben. Erfolg oder Misserfolg lässt sich nämlich unterschiedlichen Ursachen zuschreiben. Dass wir zum Beispiel in einer Prüfung schlecht oder gut abgeschnitten haben, können wir uns folgendermassen erklären:

A) Ich hatte Pech/Glück; der Lehrer mag mich nicht/mag mich besonders gut.

B) Ich bin eben in diesem Fach unbegabt/begabt.

C) Die Aufgabe war sehr schwierig/sehr leicht; der Lehrer hat sehr streng korrigiert/sehr grosszügig korrigiert.

D) Ich habe die Prüfung zu wenig vorbereitet/genügend vorbereitet.

Die Ursachen A und C können wir nicht beeinflussen. Wir nennen sie deshalb äussere Ursachenzuschreibungen. Die Ursachen B und D betreffen unsere eigene Person. Deshalb nennen wir sie innere Ursachenzuschreibungen. Es kommt also darauf an, ob wir die Ursachen für Erfolg oder Misserfolg bei uns selbst oder ausserhalb von uns suchen.

Die Ursachen A und B sind unveränderbar. Wenn der Lehrer mich nicht mag, dann kann ich nichts dagegen tun, und wenn ich für ein Fach nicht begabt bin, so kann ich das nicht ändern. So denken die meisten von uns. Demgegenüber können die Ursachen C und D sich von Fall zu Fall ändern; es handelt sich um veränderbare Ursachen. Ob die Ursache D sich ändert, hängt sogar einzig und allein von mir selbst ab. Wenn ich zugebe, dass ich eine schlechte Prüfung durch mangelnde Vorbereitung verschuldet habe, dann weiss ich genau, welche Konsequenzen ich zu ziehen habe. Nur eben, damit sind wir wieder bei den Gefühlen, die das Lernen so sehr beeinflussen, und das nicht nur im guten Sinn. Es fällt uns leichter, einen Misserfolg mit Ursachen zu erklären, die nichts mit unserer Person zu tun haben. Wir sehen uns eben lieber in der Rolle des Opfers als in derjenigen des Schuldigen. Und es fällt uns auch leichter, einen Misserfolg solchen Ursachen zuzuschreiben, die wir nicht beeinflussen können. Eine derartige Ursachenzuschreibung hilft Schuldgefühle zu vermeiden. Leider aber führt nur die Erklärung D zu vermehrten Anstrengungen und damit längerfristig zum Erfolg.

Manche mögen das alles im Prinzip einsehen, aber für ihren persönlichen Fall glauben sie eben doch an Pech, mangelnde Begabung und Lehrer, die sie nicht mögen, zu strenge Prüfungen machen und diese dann erst auch noch zu streng korrigieren. Solche Leute haben tief in sich verborgen ein Gefühl der Hilflosigkeit. Dieses Gefühl lässt keine vernünftigen Überlegungen zu, es überwuchert alle Argumente. Ein solches allgemeines Gefühl von Hilflosigkeit wurde irgendwann in der Entwicklung gelernt. Es ist möglich, dass es im Leben dieser Person eine Periode gab, in der sie das Gefühl hatte, dass alles, egal was sie tat, sowieso schief lief. War sie traurig, dann wurde ihr gesagt, sie solle nicht so ein griesgrämiges Gesicht machen, war sie fröhlich, dann sollte sie gescheiter aufpassen. Psychologen sprechen in diesem Fall von gelernter Hilflosigkeit.

Glücklicherweise können Urteile, die wir über uns selbst oder über andere Personen im Laufe unserer Entwicklung gebildet haben, aufgrund neuer Erfahrungen korrigiert werden. Das gilt auch, wenn diese Urteile sich zu verfestigten Einstellungen, zu stereotypen Vorurteilen entwickelt haben. Das Gefühl der gelernten Hilflosigkeit beruht auf negativen Vorurteilen über uns und unsere Situation. Es kann nur geändert werden, wenn wir sehr viele und intensive gute neue Erfahrungen machen, und zwar ohne dass diese dauernd durch schlechte Erfahrungen getrübt werden. Menschen mit gelernter Hilflosigkeit müssen die Chance haben, sich wenigstens in einem Bereich ganz neu und positiv zu erleben. Viele Schüler mit Schwierigkeiten im Lernen haben der Schule gegenüber ein solches Gefühl der Hilflosigkeit. Und alles, was an Schule erinnert, löst dieses Gefühl aus. Für solche Schüler können die DELV-Übungen eine Chance darstellen, sich neu und positiv zu erleben. Um zu vermeiden, dass durch schulische Inhalte gelernte Gefühle der Hilflosigkeit ausgelöst werden, haben wir für die DELV-Übungen keine schulischen Inhalte gewählt. Wenn Sie in der Vergangenheit schulische Misserfolge hatten und sich deshalb für unbegabt halten, dann versuchen Sie jetzt dieses Vorurteil sich selbst gegenüber abzubauen. Machen Sie mit den DELV-Übungen neue positive Erfahrungen. Wenn Sie sich in die Übungen vertiefen, werden Sie plötzlich feststellen, dass Sie diese genauso gut lösen können wie Ihre scheinbar begabteren Kolleginnen und Kollegen. Sagen Sie dann nicht einfach, sie hätten jetzt eben zufällig Glück gehabt oder die Aufgaben seien eben sehr leicht. Haben Sie den Mut, durch diese Erfahrung Ihr negatives Vorurteil sich selbst gegenüber zu verändern. Sagen Sie ganz einfach:

Ich habe mich bisher getäuscht. Ich bin genauso begabt wie die andern.

Und das wünschen wir Ihnen ...

viel Spass mit dem DELV-Programm!

viel Spass mit dem DELV-Programm!

viel Spass mit dem DELV-Programm!

viel Spass mit dem DELV-Programm!

viel Spass mit dem DELV-Programm!

Betonwerk mit Kran

Aus dem obigen grossen Bild wurden acht kleine Rechtecke herauskopiert. Diese Rechtecke nennen wir «Fenster». Sie finden sie im unteren Teil des Blattes. Wir haben sie mit den Buchstaben a–h bezeichnet. Versuchen Sie, diese Fenster im grossen Bild wiederzufinden. Wenn Sie eines gefunden haben, zeichnen Sie dessen Rahmen im grossen Bild möglichst präzise mit einem Stift ein. Sie sollen dazu aber keine Hilfsmittel (zum Beispiel Lineal) benutzen. Diese Anweisung gilt für alle Fenster-Aufgaben.

a) 

b) 

c) 

d) 

e) 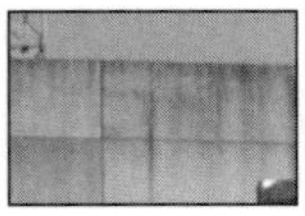

f) 

g) 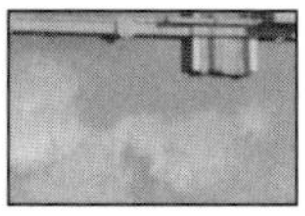

h) 

Fragen, die Sie mündlich beantworten sollen:

1. Mit welchem Fenster haben Sie begonnen? Warum?
2. Welches Fenster war das leichteste? Warum?
3. Welches Fenster war das schwierigste? Warum?

Hoch über der Skaterbahn

Mit dem Bike auf die Skaterbahn, das erfordert Mut. Es erfordert aber vor allem Strategien. Der Fahrer muss seine Sprünge planen. Wenn nötig muss er den Plan in Millisekunden ändern. Vor allem muss er jede seiner Bewegungen kontrollieren. Ein Spitzenskater zu werden, erfordert stundenlanges Üben. **Strategien werden zwar langsam und bewusst gelernt, damit sie aber wirksam werden, müssen sie automatisiert sein.** Das kostet Zeit und Geduld. Genau gleich geht es beim Lernen in der Schule und im Betrieb.

a) 

b) 

c) 

d) 

e) 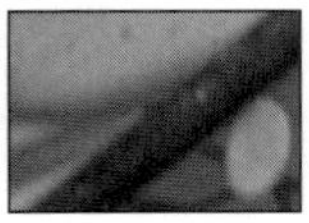

f) 

g) 

h) 

Fragen, die Sie mündlich beantworten sollen:

1. *Überlegen Sie, welche Strategien sowohl der Biker auf der Skaterbahn als auch Sie beim schulischen Lernen brauchen.*
2. *Welches ist die wichtigste Strategie für den Biker, welches ist die wichtigste Strategie für Sie in der Schule?*

Sonntag am Strand

Auch Entspannung gehört zum Leben. An diesem Sonntag erholen sich Jung und Alt vom Stress der Arbeitswoche. Auch beim Lernen und Denken ist es wichtig, eine entspannte Haltung einzunehmen. Das gelingt am besten, wenn Sie genügend Strategien kennen, die Ihnen helfen, **Lernprobleme systematisch anzupacken und die Zwischenschritte regelmässig zu kontrollieren.**

a) 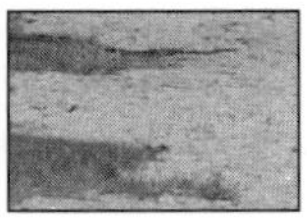
b) 
c) 
d) 

e) 
f) 
g) 
h) 

Fragen, die Sie mündlich beantworten sollen:

1. *Was tun Sie, damit Sie sich beim Lernen entspannt fühlen?*
2. *Manchmal haben wir einen schlechten Tag und fühlen uns verkrampft. Kennen Sie Strategien, die Ihnen helfen, sich in solchen Situationen zu entspannen?*

Transporter

Ziel dieser Aufgabe ist es, **dass Sie lernen zwischen einer Suchinformation (S) und einer Kontrollinformation (K) zu unterscheiden.** In einem ersten Schritt bestimmen Sie beim Fenster, das Sie suchen wollen, die S-Information. Wenn Sie diese im grossen Bild gefunden haben, gehen Sie zum Fenster zurück und bestimmen eine K-Information. Mit der K-Information bestätigen Sie die Richtigkeit der S-Information. Diese Strategie bedeutet, dass Sie ein Fenster immer in zwei klar unterscheidbaren Schritten suchen.

a) 

b) 

c) 

d) 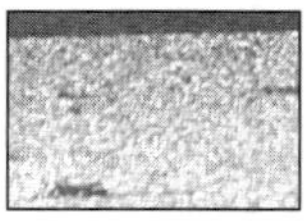

e) 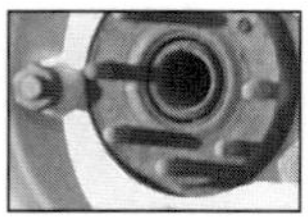

f) 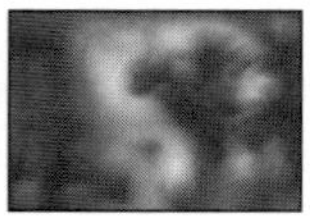

g) 

h) 

Fragen, die Sie mündlich beantworten sollen:

1. *Welchen Vorteil hat die Unterscheidung zwischen S- und K-Information?*
2. *Nennen Sie eine Situation aus Ihrem Schul- oder Berufsalltag, in der Sie bewusst kontrollieren, bevor Sie eine geplante Handlung ausführen.*

Terrassierte Gärten

Sie haben bereits gelernt, zwischen einer Suchinformation (S) und einer Kontrollinformation (K) zu unterscheiden. Im Gegensatz zur Aufgabe «Transporter» sind hier die Bildelemente viel feiner. Um so wichtiger ist es, dass Sie S genau beschreiben, bevor Sie beginnen, im grossen Bild zu suchen. **Je präziser Ihre Beschreibung ist, umso weniger belastet sie Ihr Arbeitsgedächtnis** und umso mehr Aufmerksamkeit bleibt Ihnen für die systematische Suche.

a) 

b) 

c) 

d) 

e) 

f) 

g) 

h) 

Fragen, die Sie nach Bearbeitung der Aufgabe mündlich beantworten sollen:

1. *Finden Sie, dass bestimmte Fenster schwieriger waren als andere? Warum?*
2. *Haben Sie für jedes gefundene Fenster eine Kontrollinformation verwendet?*
3. *Welche Strategie haben Sie verwendet, um das gefundene Fenster möglichst genau einzuzeichnen?*

Hochhaus

Genauso wie bei der Aufgabe «Terrassierte Gärten» finden Sie in dieser Aufgabe sehr feine Bildelemente. Zusätzlich gleichen sich die Fenster a–h. Es handelt sich um eine riesige Fenster- und Balkonfassade. Trotzdem stellen Sie bei genauer Betrachtung fest, dass jedes der Fenster a–h eine Eigenheit hat. Sie finden eine Antenne für den Satellitenempfang oder Sie bemerken, dass alle vier Balkone offen sind. **Konzentrieren Sie sich auf eine einzige Suchinformation,** die Sie durch eine K-Information (ein benachbartes Fenster oder einen benachbarten Balkon) kontrollieren.

a) 

b) 

c) 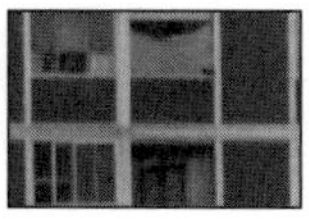

d) 

e) 

f) 

g) 

h) 

Fragen, die Sie nach Bearbeiten der Aufgabe mündlich beantworten sollen:

1. *Welches Fenster war das leichteste? Warum?*
2. *Welches Fenster war das schwierigste? Warum?*
3. *Gibt es in Ihrem Berufs- oder Schulalltag Probleme, bei denen Sie ebenfalls aus einer Menge fast identischer Elemente ein bestimmtes heraussuchen müssen? Welche Strategie wenden Sie dabei an?*

Amsel in den Ästen

In der Aufgabe «Terrassierte Gärten» haben Sie sich bereits überlegt, welche Strategie Sie verwenden können, um die Fenster möglichst genau einzuzeichnen. Beobachten Sie in dieser Aufgabe bei jedem Fenster, welche Bildelemente in den Ecken des Fensters sich gerade noch innerhalb oder bereits ganz knapp ausserhalb des Rahmens befinden. Diese Information hilft Ihnen, **die vier Eckpunkte zu zeichnen, bevor Sie die Striche von Punkt zu Punkt ziehen.** Damit verhindern Sie, dass Sie nachträglich korrigieren müssen.

a)  **b)**  **c)**  **d)** 

e) 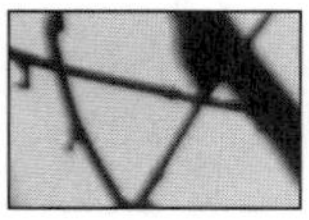 **f)**  **g)**  **h)** 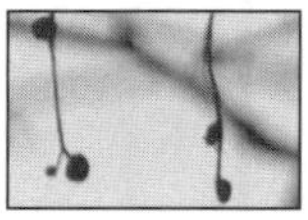

Fragen, die Sie mündlich beantworten sollen:

1. *Mit welchem Fenster haben Sie begonnen? Warum?*
2. *Gab es ein Fenster, bei welchem Sie mehr Mühe hatten, die Eckpunkte zu bestimmen? Warum?*
3. *Überlegen Sie sich, bei welchen Aufgaben in der Schule oder im Betrieb Sie auch zuerst Referenzpunkte bestimmen, bevor Sie die Aufgabe wirklich ausführen.*

Abgedecktes Dach

In den Aufgaben «Betonwerk mit Kran» und «Sonntag am Strand» haben Sie gelernt, auf die Perspektive zu achten. Nahe Elemente sind grösser, entfernte Elemente sind kleiner. In der Aufgabe «Hochhaus» haben Sie gelernt, bedeutsame Merkmale als Suchinformation zu verwenden. Diese Strategien können Sie auch hier anwenden. Und vergessen Sie nicht: Nach jeder S-Information suchen Sie eine K-Information.

a)  b)  c) 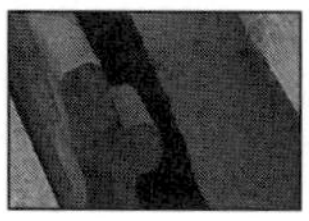 d) 

e)  f)  g)  h) 

Fragen, die Sie nach Bearbeitung der Aufgabe mündlich beantworten sollen:

1. *Gibt es in Ihrem Schul- oder Berufsalltag Situationen oder Probleme, bei denen Sie auf die Perspektive achten müssen? Nennen Sie ein Beispiel.*
2. *Welche Strategie haben Sie verwendet, um sicherzustellen, dass die eingezeichneten Fenster auch wirklich parallel zu den Bildrändern liegen und sich nicht etwa dem vertikalen Muster der Balken anpassen?*
3. *Welches Fenster war das schwierigste? Warum?*

Flugplatz

In dieser Aufgabe wollen wir uns auf zwei Strategien konzentrieren. Erstens haben Sie jetzt bereits die Gewohnheit erworben, zwischen S- und K-Informationen zu unterscheiden. Wenden Sie diese Strategie auch hier wieder an. Zweitens haben Sie in der Aufgabe «Abgedecktes Dach» gelernt, die Rahmen der Fenster parallel zu den Bildrahmen zu zeichnen. Überlegen Sie, welche Strategie Sie hier anwenden können, um den Rahmen möglichst genau (aber ohne technische Hilfsmittel) zu zeichnen.

a) 

b) 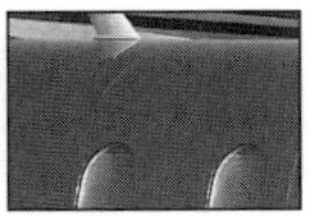

c) 

d) 

e) 

f) 

g) 

h) 

Fragen, die Sie nach Bearbeitung der Aufgabe mündlich beantworten sollen:

1. *Welche Strategie haben Sie angewendet, um die Rahmen möglichst genau zu zeichnen?*
2. *In welchen früheren Aufgaben wurden Sie ebenfalls aufgefordert, zwischen S- und K-Informationen zu unterscheiden?*
3. *Was tun Sie in der Schule oder im Betrieb, um herauszufinden, wie präzise Sie eine Aufgabe bearbeiten müssen?*

Tontopfböden

Auf den ersten Anblick scheint diese Aufgabe schwierig zu sein. Ist es möglich, eine gewisse Ordnung, eine Struktur zu finden in diesen Tonscherben? **Konzentrieren Sie sich bei jedem Fenster auf ein möglichst kleines Element,** zum Beispiel auf eine kleine Tonscherbe, und verwenden Sie dieses kleine Teilchen als S-Information. Für die K-Information können Sie dann problemlos grössere Teile nehmen, zum Beispiel den Ausschnitt eines Topfbodens.

a) 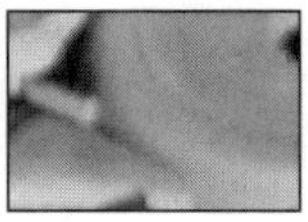
b) 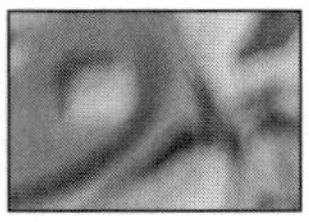
c) 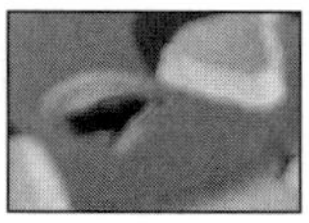
d) 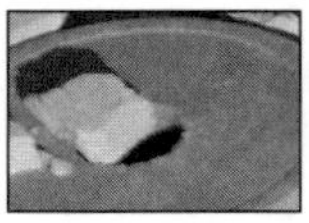

e) 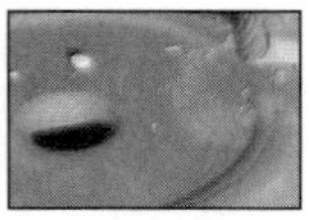
f) 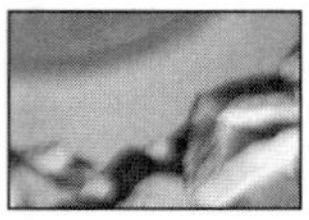
g) 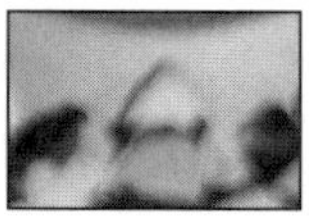
h) 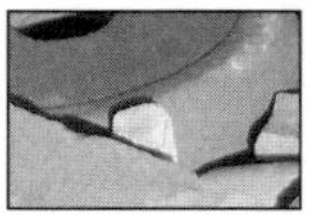

Fragen, die Sie nach Bearbeiten der Aufgabe mündlich beantworten sollen:

1. *Haben Sie die Aufgabe schwieriger oder weniger schwierig gefunden als den «Flugplatz»?*
2. *Wenn Sie mit der Aufgabe «Hochhaus» vergleichen, welche Ähnlichkeit sehen Sie in der verwendeten Strategie?*
3 *Welchen Vorteil hat es, als S-Information ein möglichst kleines Element zu verwenden?*
4. *Gibt es in Ihrem Schul- oder Berufsalltag Situationen oder Probleme, bei denen Sie eine ähnliche Strategie verwenden?*

Eingerahmte Himmelskörper

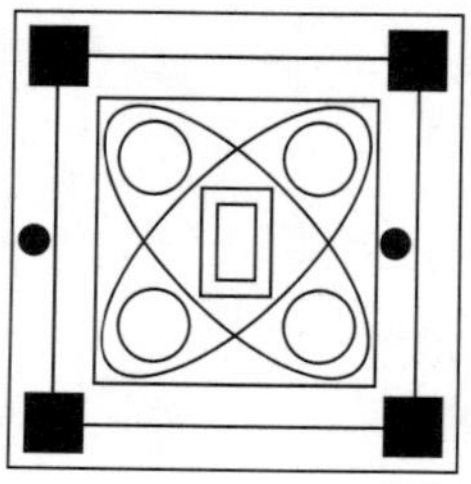

Modell

Das Modell links oben wurde in zwei unvollständige Bilder zerlegt, die sich gegenseitig ergänzen. Wenn Sie die zwei richtigen Teilbilder (in Ihrer Vorstellung) aufeinanderlegen, entsteht wieder das Modell. Suchen Sie unter den zerlegten Bildern (a–m) die Paare, die sich ergänzen.

Es gibt in dieser Aufgabe keine gefälschten Teilfiguren. Wenn in späteren Aufgaben dieser Serie falsche Teilfiguren eingestreut sind, wird dies in der Instruktion erwähnt.

Fragen, die Sie vor Bearbeitung der Aufgabe mündlich beantworten sollen:

1. *Wie viele Paare ergeben sich?*
2. *Haben Sie den Titel gelesen? Der Titel enthält häufig hilfreiche Informationen.*
3. *Haben Sie das Modell genau beschrieben? Warum ist das eine sehr nützliche Strategie?*

a)
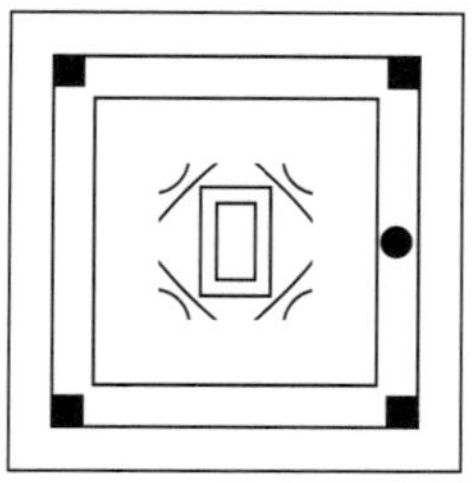
b)
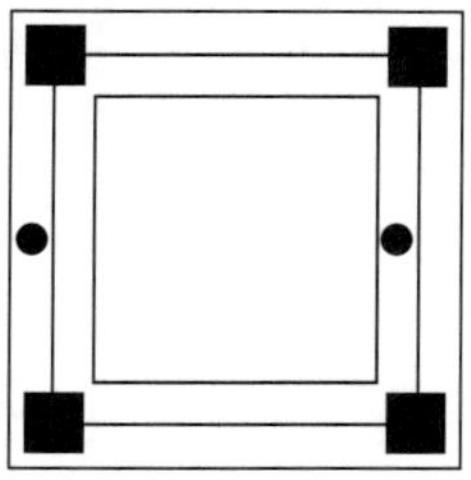
c)

d)
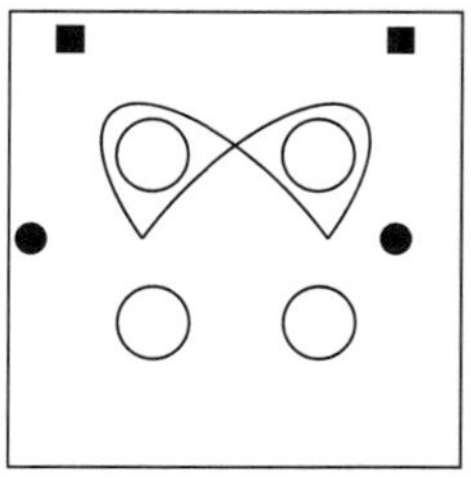

e)
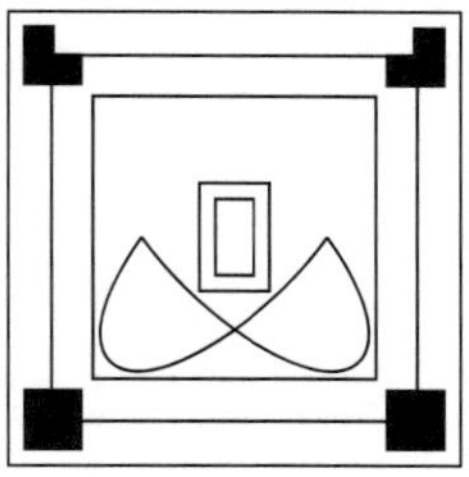
f)
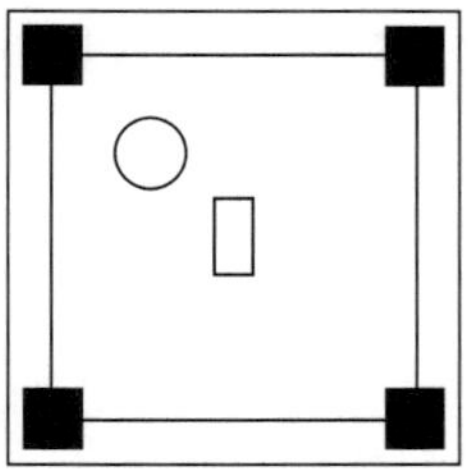
g)
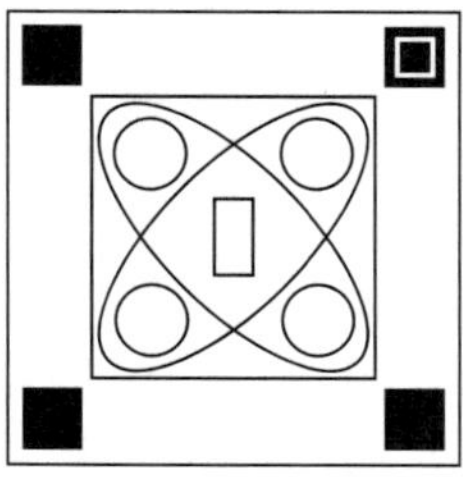
h)

i)
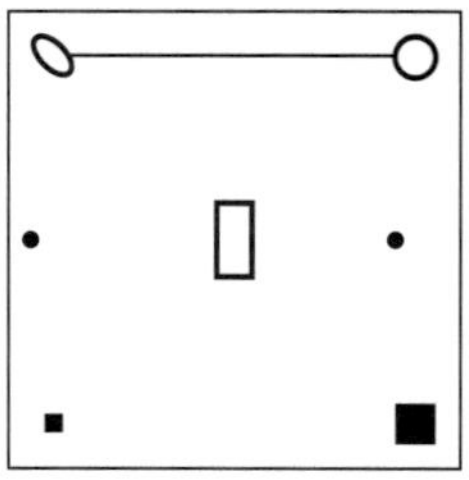
k)
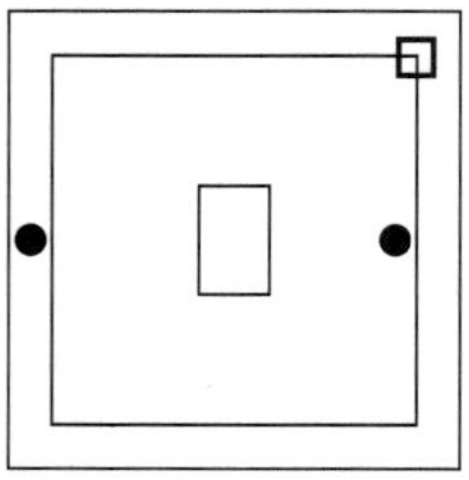
l)

m)
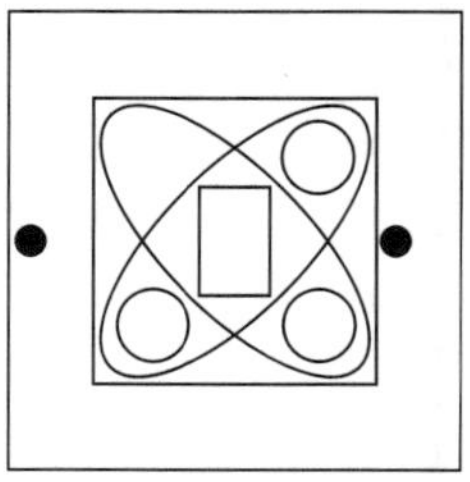

Fragen, die Sie nach Bearbeitung der Aufgabe mündlich beantworten sollen:

1. *Mit welchem Paar haben Sie begonnen? Warum?*
2. *Beschreiben Sie die Strategie, die Sie bei dieser Aufgabe am meisten verwendet haben?*
3. *Erinnern Sie sich: In den Fenster-Aufgaben haben Sie gelernt, zwischen einer Suchinformation (S) und einer Kontrollinformation (K) zu unterscheiden. Wie haben Sie kontrolliert, dass Ihre Paare stimmen?*

Lampion

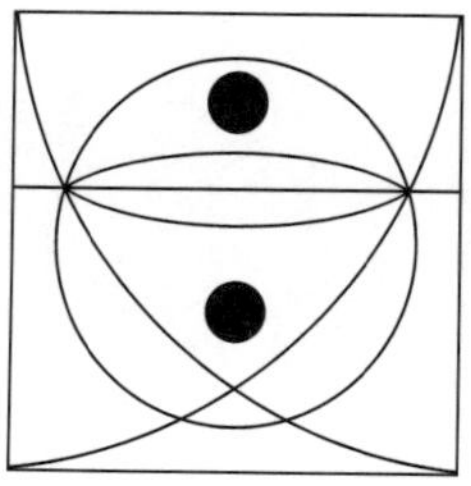

Modell

Der grosse runde Kreis erinnert an einen Lampion. Wir alle haben schon mal einen Lampion bewundert. Die innere Vorstellung des Lampions (oder eines anderen runden Gegenstandes) hilft uns bei der Suche der Teilbilder, weil sie die Erinnerung des Modells im Kurzzeitgedächtnis (KZG) erleichtert. **Die Entlastung des KZG stellt eine der wichtigsten Strategien beim Lernen und Denken dar.**

Fragen, die Sie vor Bearbeitung der Aufgabe mündlich beantworten sollen:

1. Was können Sie allgemein tun, um bei dieser Aufgabe das KZG möglichst wenig zu belasten?
2. Denken Sie, dass diese Aufgabe leichter oder schwieriger sein wird als die vorherige? Warum?

a) 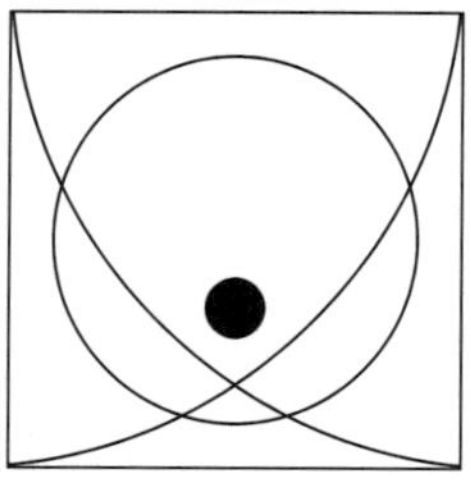 **b)** 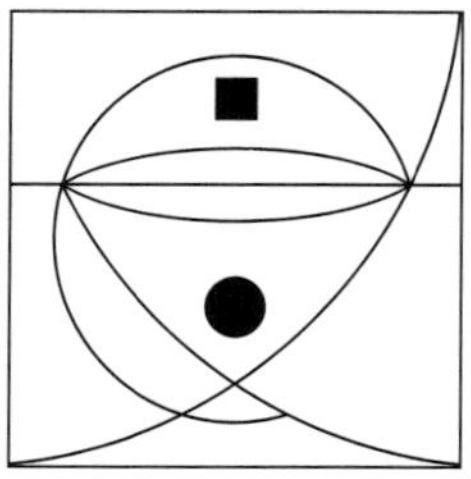 **c)** 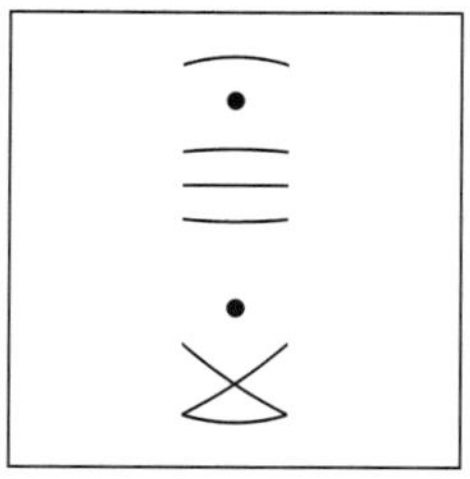 **d)** 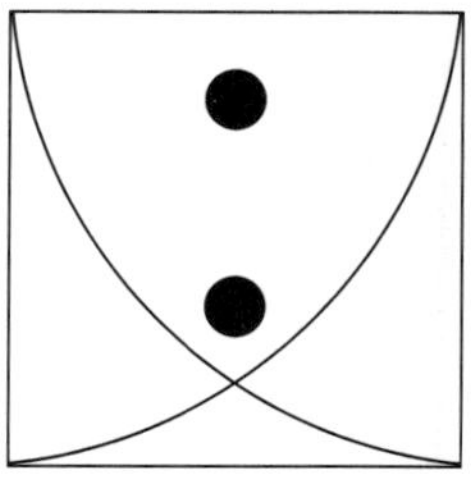

e) 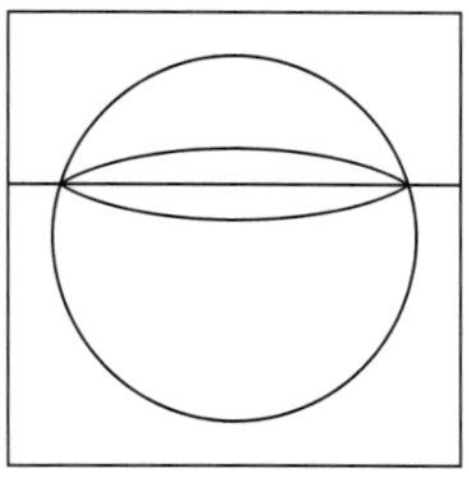 **f)** 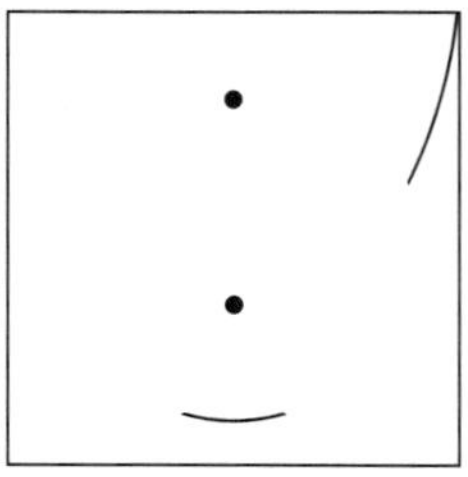 **g)** 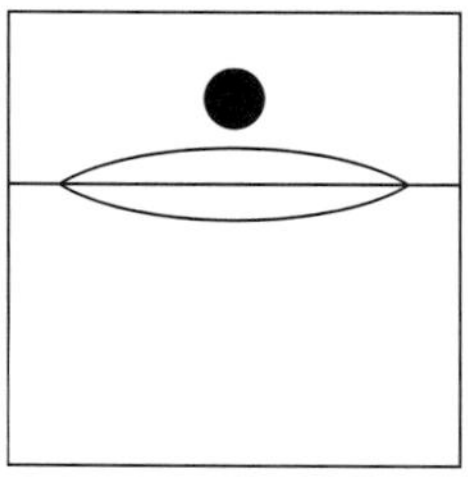 **h)** 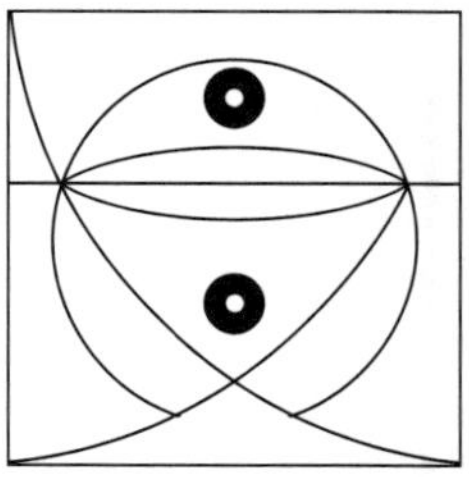

i) 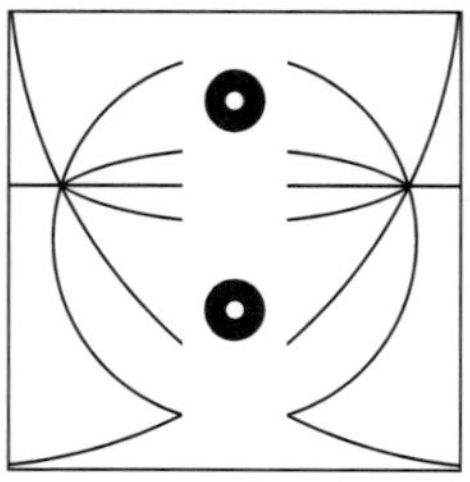 **k)** 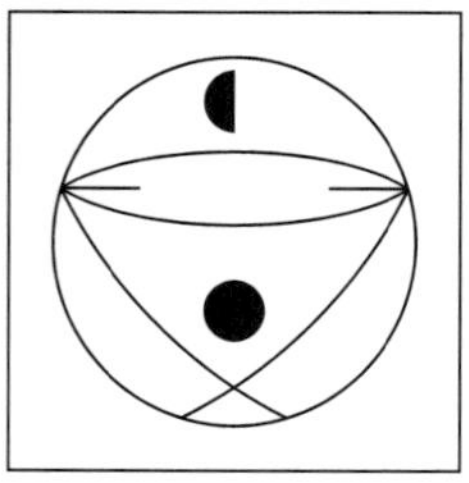 **l)** 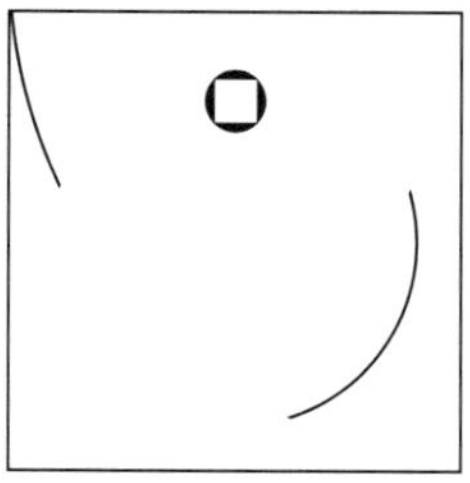 **m)** 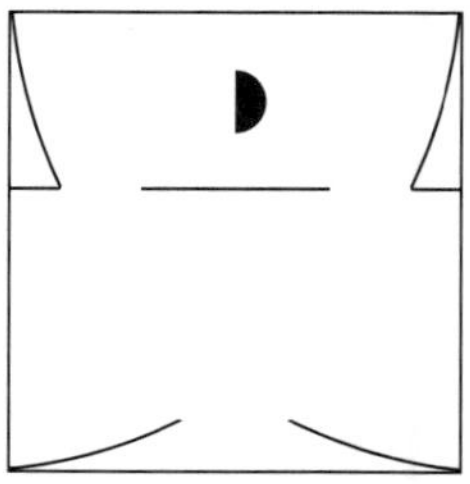

Fragen, die Sie nach Bearbeitung der Aufgabe mündlich beantworten sollen:

1. Welche Strategie haben Sie verwendet, um das erste Teilbild auszuwählen?
2. Welche Strategie haben Sie verwendet, um das zweite Teilbild zu suchen?
3. Haben Ihre Strategien geholfen, das KZG möglichst wenig zu belasten?

Setzkasten

Modell

Vielleicht haben Sie in einer alten Druckerei oder auf dem Flohmarkt schon mal einen Setzkasten gesehen. Er besteht aus mehreren Fächern. In jedes Fach können bestimmte Buchstaben oder andere Druckzeichen gelegt werden. Diese Aufgabe besteht aus einem Setzkasten mit vier gleich grossen Fächern. Sie entstehen durch die horizontale und die vertikale Mittellinie.

Fragen, die Sie vor Bearbeitung der Aufgabe mündlich beantworten sollen:

1. Welche Besonderheit des Modells erlaubt es Ihnen, eine einfache Suchstrategie zu entwickeln?
2. Finden Sie beim ersten Durchschauen diese Aufgabe leichter oder schwieriger als die vorherige? Warum?

a) 

b) 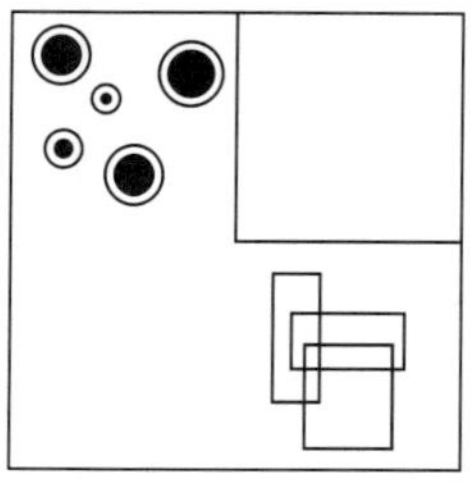

c) 

d) 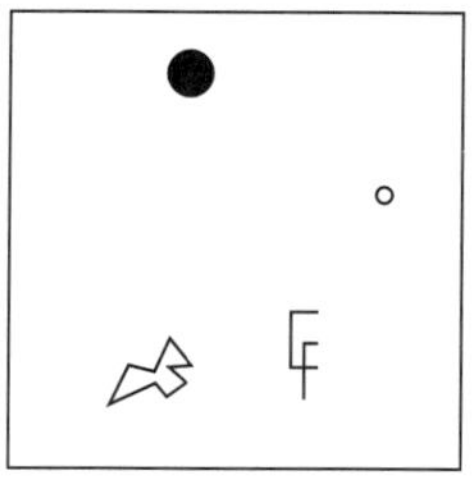

e) 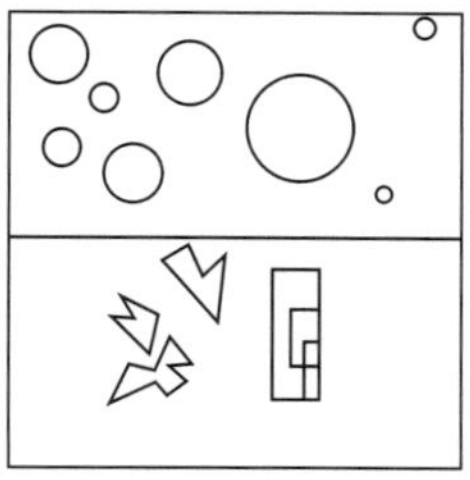

f) 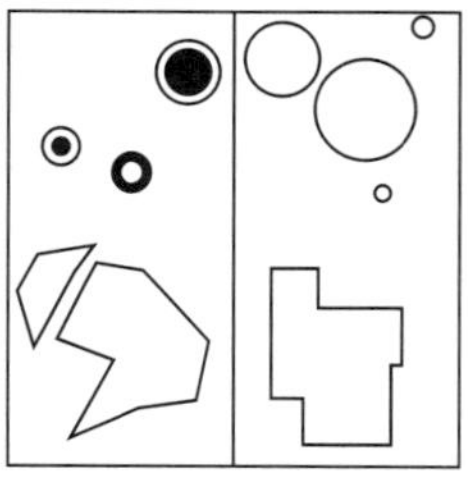

g) 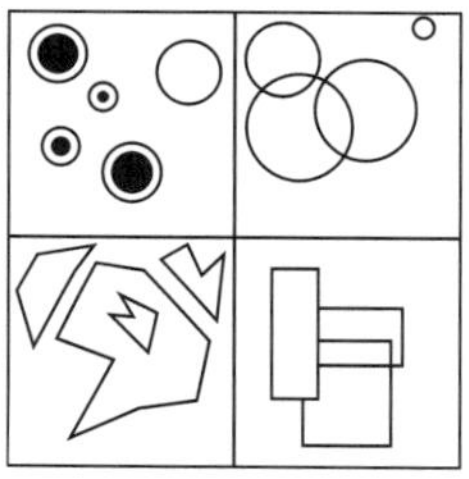

h) 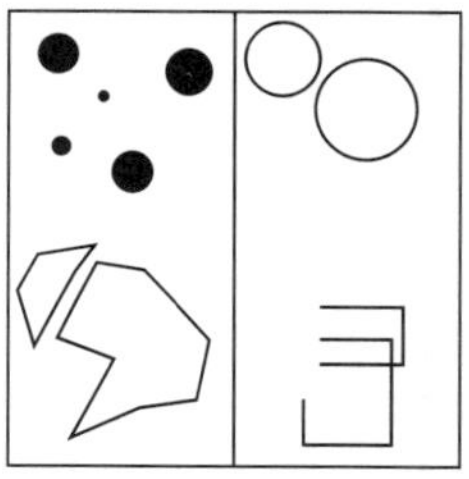

i) 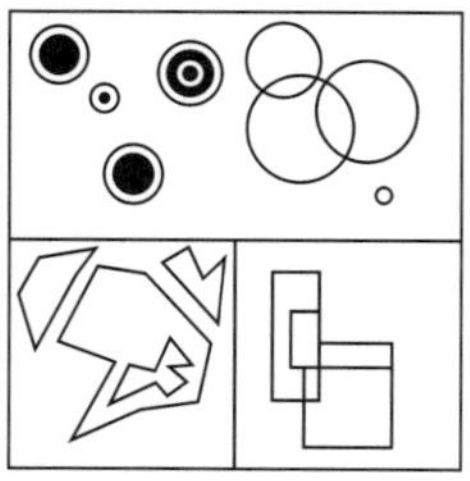

k) 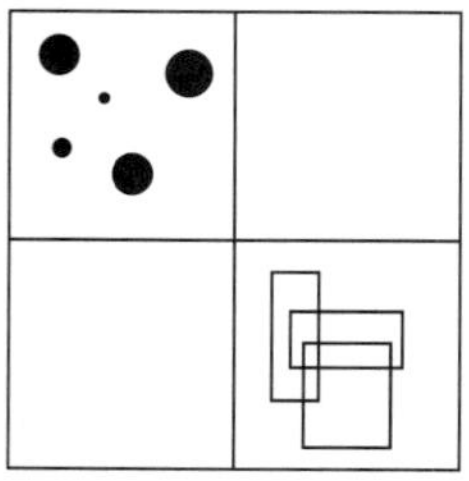

l) 

m) 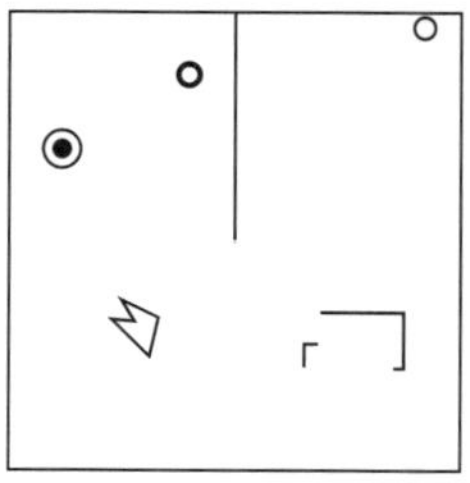

Fragen, die Sie nach Bearbeitung der Aufgabe mündlich beantworten sollen:

1. Haben Ihnen die Horizontale und die Vertikale geholfen, eine besonders einfache Suchstrategie zu entwickeln?
2. Wie viele K-Elemente haben Sie zur Kontrolle der Paare verwendet?

Kleine Figuren

Modell

Dieses Modell setzt sich aus sehr viel mehr Elementen zusammen als die vorherigen. Es fehlt auch ein klares Organisationsprinzip. Umso wichtiger ist es, dass Sie sich bei der Auswahl der S- und K-Information auf ein einzelnes, aber wesentliches Element konzentrieren. Sonst überlasten Sie schnell mal Ihr KZG. Konzentrieren Sie sich zum Beispiel bei der Teilfigur a auf das kleine Dreieck unten links und schliessen Sie in einer ersten Runde alle Teilfiguren von Ihrer Suche aus, die das kleine Dreieck bereits besitzen.

Frage, die Sie vor Bearbeitung der Aufgabe mündlich beantworten sollen:

1. *Warum ist diese Aufgabe verglichen mit der Aufgabe «Setzkasten» komplexer? Nennen Sie zwei Gründe.*

a) 

b) 

c) 

d) 

e) 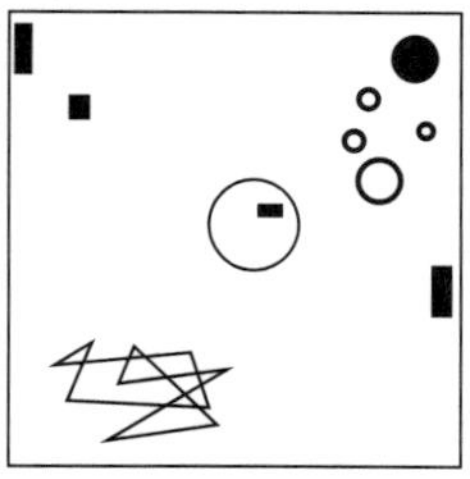

f) 

g) 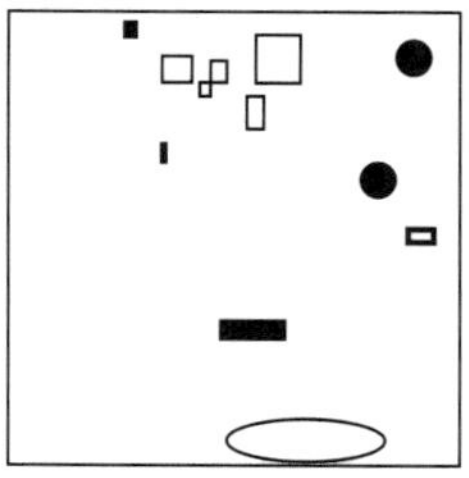

h) 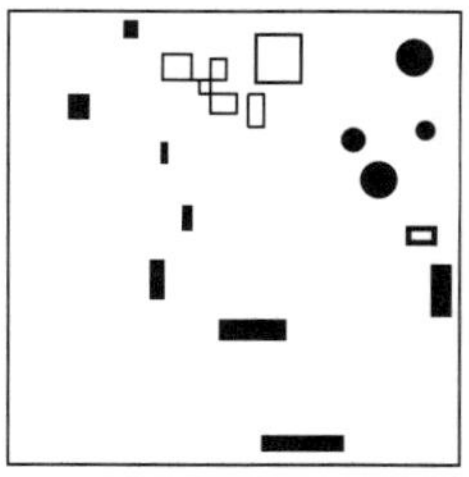

i) 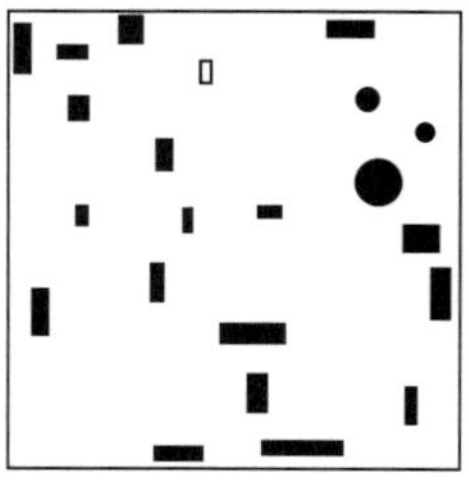

k) 

l) 

m) 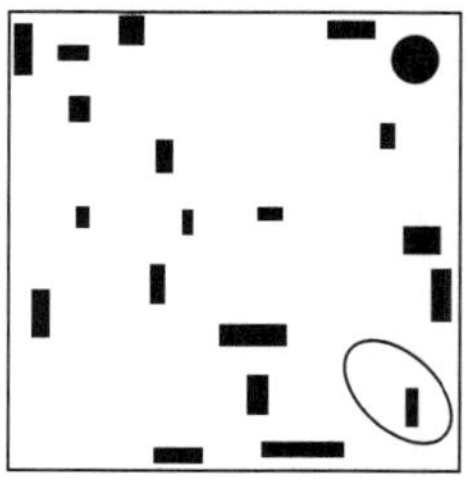

Fragen, die Sie nach Bearbeitung der Aufgabe mündlich beantworten sollen:

1. *Haben Sie die vorgeschlagene Ausschlussstrategie verwendet? Welchen Vorteil haben Sie daraus gezogen?*
2. *Haben Sie vielleicht festgestellt, dass diese Aufgabe trotz der höheren Komplexität nicht unbedingt schwieriger war als die vorherigen? In diesem Fall profitieren Sie bereits von einem aufgabenspezifischen Lerneffekt.*

Seifenblasen

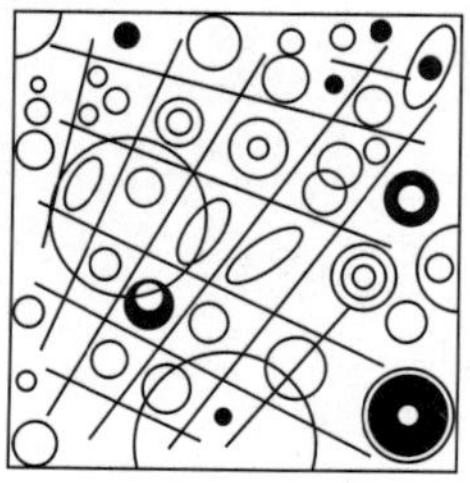

Modell

In dieser Aufgabe wurde über die Seifenblasen ein Gitter gelegt. Das soll Sie an die Strategie erinnern, die Sie in der Aufgabe «Setzkasten» entdeckt haben. Das Gitter erlaubt Ihnen die Anwendung einer Ausschlussstrategie, wie Sie sie vielleicht bereits in der Aufgabe «Kleine Figuren» angewendet haben. Das Gitter erleichtert auch die räumliche Orientierung beim Suchen der Seifenblasen.

Fragen, die Sie vor Bearbeitung der Aufgabe mündlich beantworten sollen:

1. *Gibt es in der Schule oder im Betrieb Aufgaben oder Situationen, bei denen Sie ein Orientierungssystem (zum Beispiel Linien oder ein Gitternetz) verwenden?*
2. *Denken Sie, dass diese Aufgabe schwieriger oder leichter sein wird als die Aufgabe «Setzkasten»? Warum?*

a)

b)

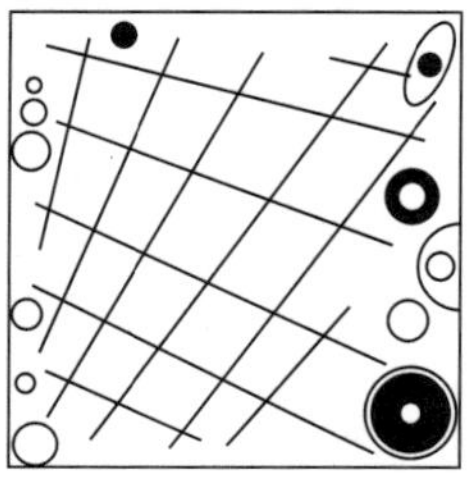

c)

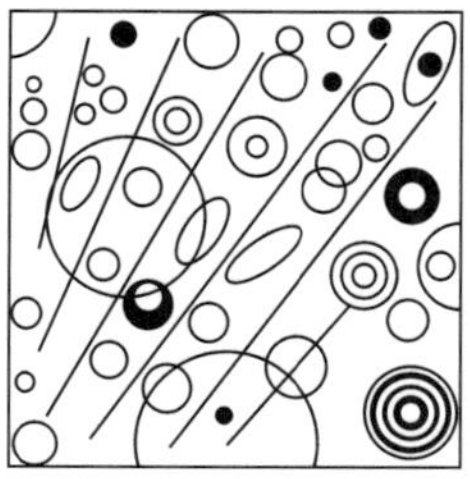

d)

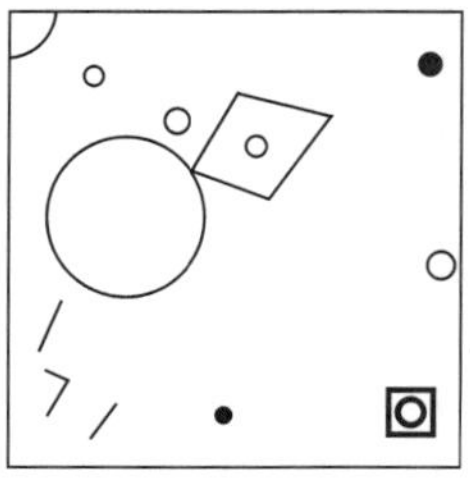

e)

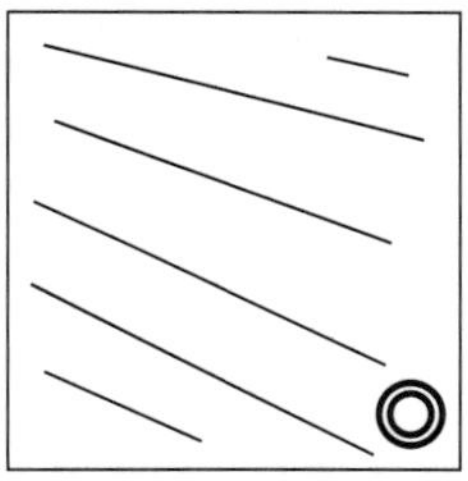

f)

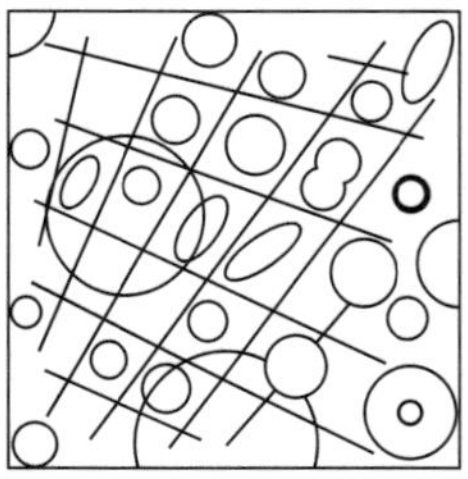

g)

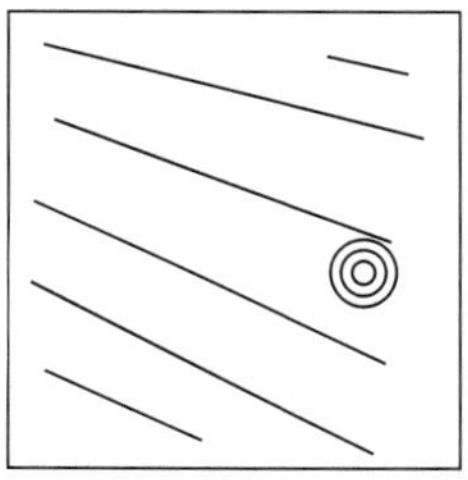

h)

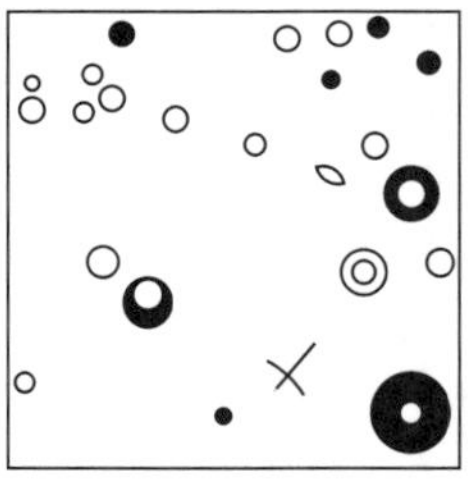

i)

k)

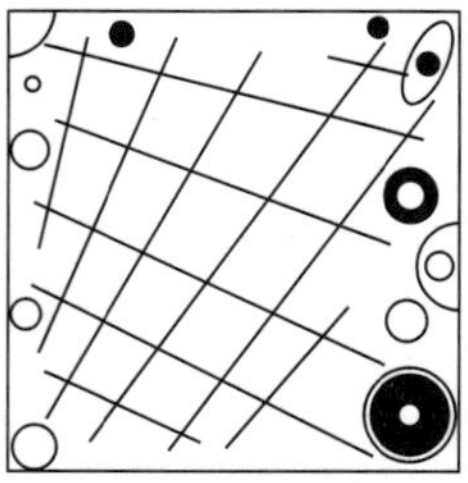

l)

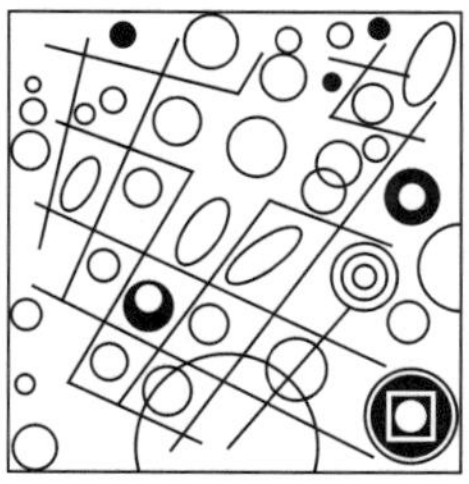

m)

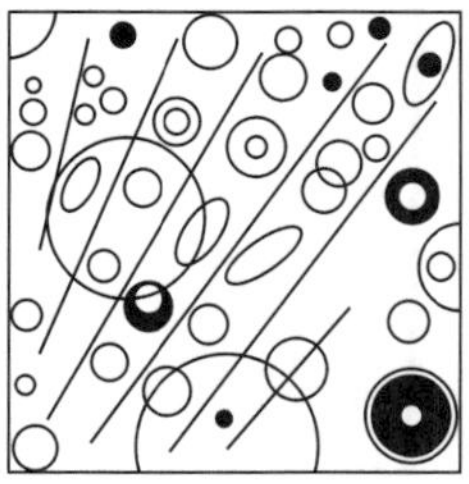

Fragen, die Sie nach Bearbeitung der Aufgabe mündlich beantworten sollen:

1. *Finden Sie, dass Sie sich bereits einige nützliche Strategien angeeignet haben? Nennen Sie die zwei wichtigsten.*
2. *Haben Sie bei allen Paaren eine Kontrollinformation verwendet?*

Verschachtelte Figuren

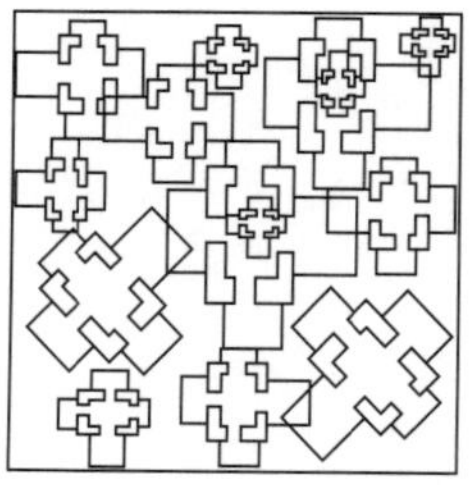

Modell

Wenn Sie das Modell dieser Aufgabe anschauen, haben Sie den Eindruck, dass sie sehr schwierig sein wird. Aber erinnern Sie sich an eine Strategie, die Sie in der Aufgabe «Kleine Figuren» angewendet haben: Sie konzentrieren sich auf ganz kleine, aber wesentliche Elemente. Diese Elemente verwenden Sie für die Ausschlussstrategie. Sie interessieren sich zuerst mal nur für die Teilfiguren, in denen dieses Element nicht vorhanden ist. Sie finden zum Beispiel in der Teilfigur a im Zentrum zwei winzige «Winkelmasse». Das erlaubt Ihnen, in einer ersten Runde bereits die Teilfiguren c, d, e, f, k und l auszuschliessen.

Fragen, die Sie vor Bearbeitung der Aufgabe mündlich beantworten sollen:

1. *Warum macht diese Aufgabe einen so schwierigen ersten Eindruck? Nennen Sie zwei Gründe.*
2. *Haben Sie in der Schule oder im Betrieb schon mal das Gefühl gehabt, dass eine Aufgabe viel schwieriger sei als sie es in Wirklichkeit war? Nennen Sie ein Beispiel.*

a)
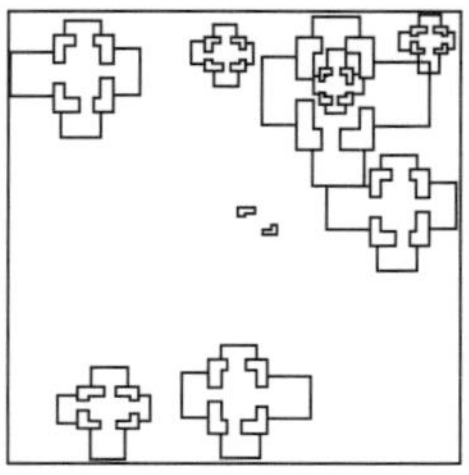
b)
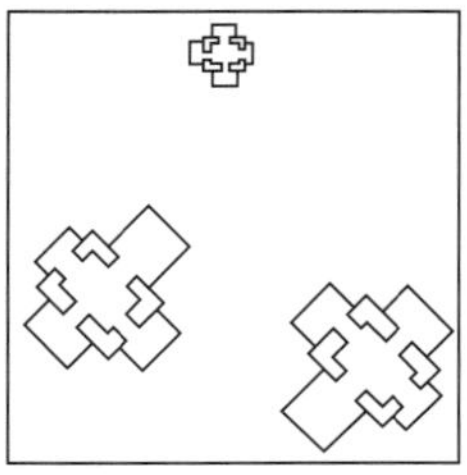
c)
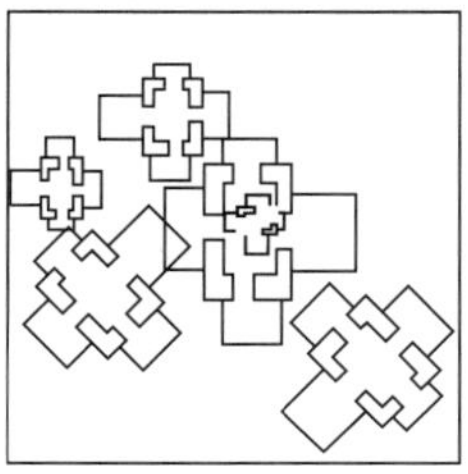
d)
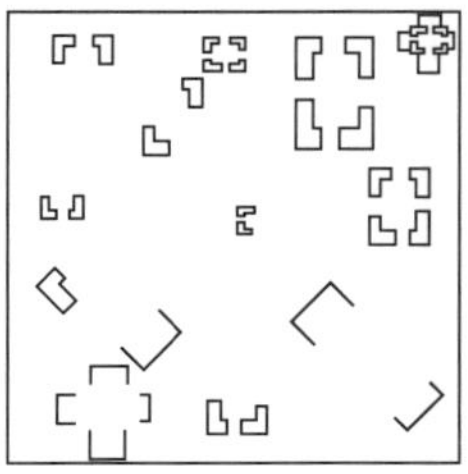

e)
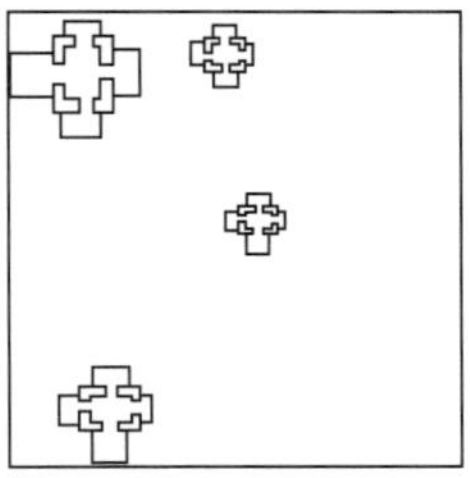
f)
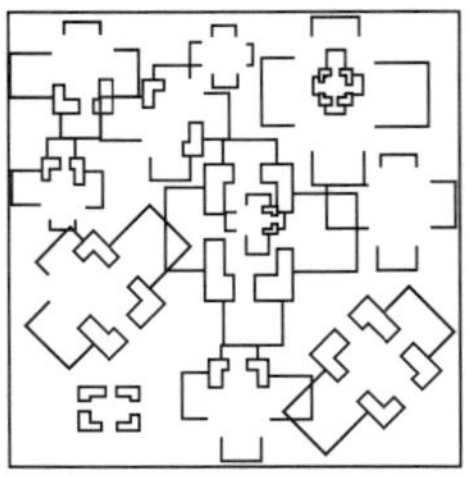
g)
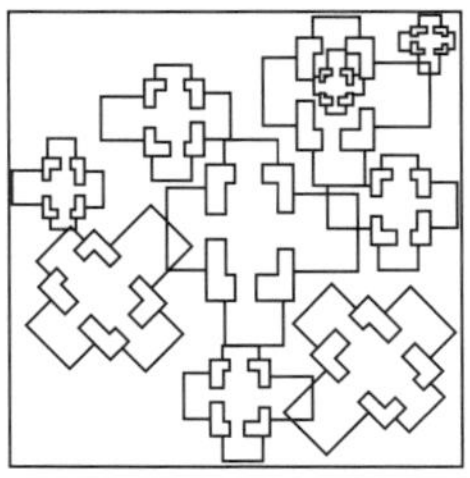
h)
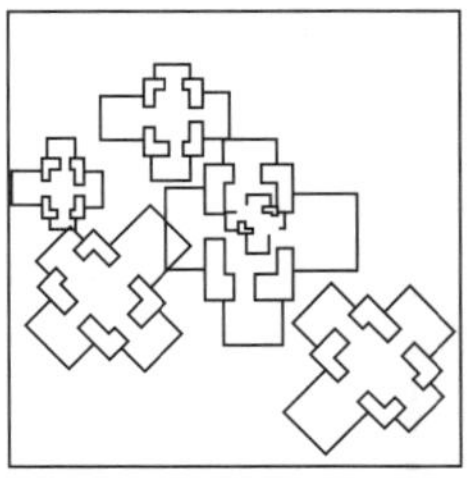

i)
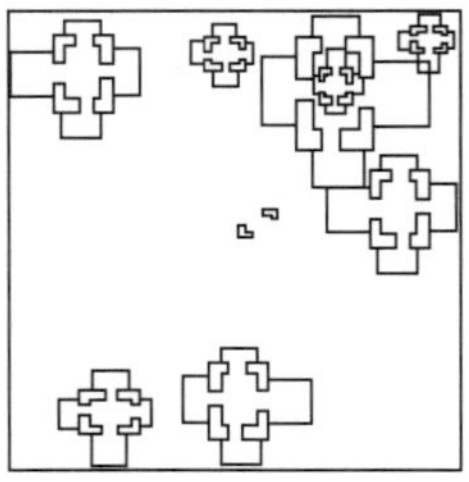
k)
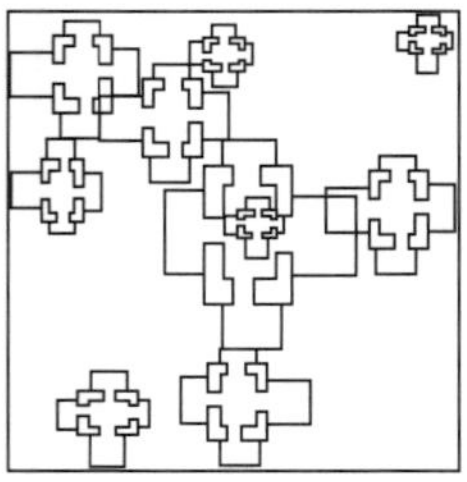
l)
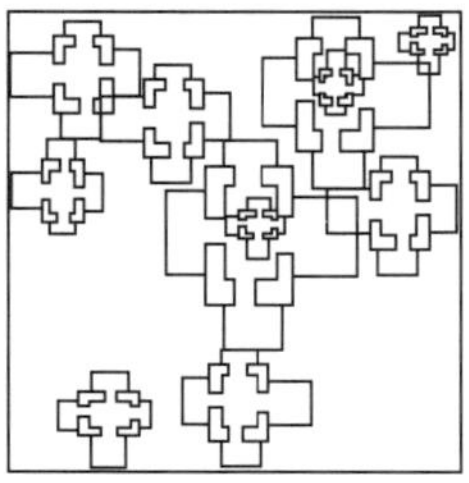
m)
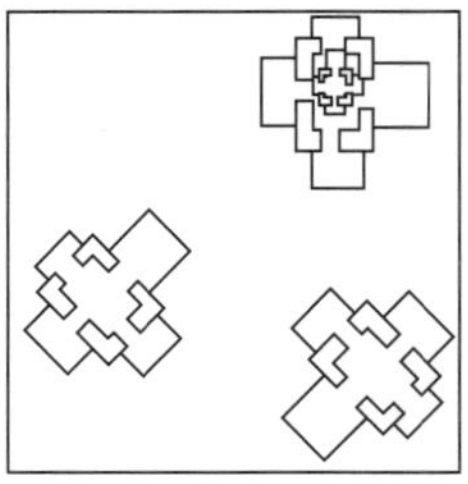

Fragen, die Sie nach Bearbeitung der Aufgabe mündlich beantworten sollen:

1. *Hat sich die Strategie der kleinen, aber wesentlichen Elemente bei Ihnen bewährt?*
2. *Haben Sie diese Strategie mit der Ausschlussstrategie kombiniert?*

Der Clown

Modell

Auch bei dieser Aufgabe müssen Sie die zwei richtigen Teilbilder (in Ihrer Vorstellung) aufeinanderlegen. Aber seien Sie vorsichtig: Vier der Teilbilder (a–m) enthalten Fehler und sind deshalb unbrauchbar. Beim Vergleich des falschen mit dem richtigen Teilbild werden Sie entdecken, **dass Fehler nicht einfach unerklärbare Missgeschicke darstellen. Fehler sind beschreibbare Abweichungen vom Modell. Damit Sie kontrollieren können, ob eine Aufgabe fehlerfrei ist, müssen Sie wissen, welche Fehler Ihnen beim jeweiligen Aufgabentyp am häufigsten unterlaufen.** Und passen Sie auf: Fehlergewohnheiten sind individuell verschieden. Fehler, die Ihnen häufig passieren, sind nicht unbedingt die selben, die auch Ihren Kolleginnen und Kollegen passieren.

Fragen, die Sie vor Bearbeitung der Aufgabe mündlich beantworten sollen:

1. *Wie viele Paare können Sie bilden?*
2. *Welche Art von Fehlern erwarten Sie: Auslassungen, Hinzufügungen, Veränderungen einzelner Elemente (zum Beispiel zu gross oder zu klein) … ?*

a) 
b) 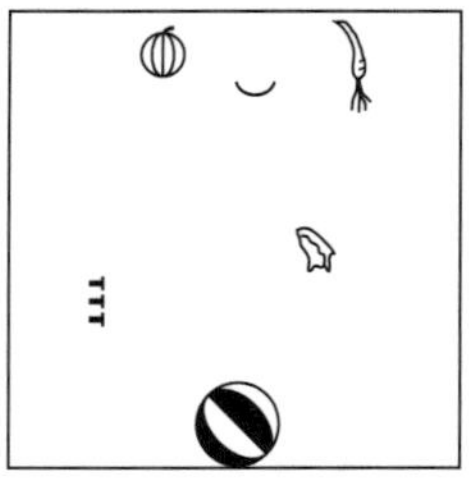
c) 
d) 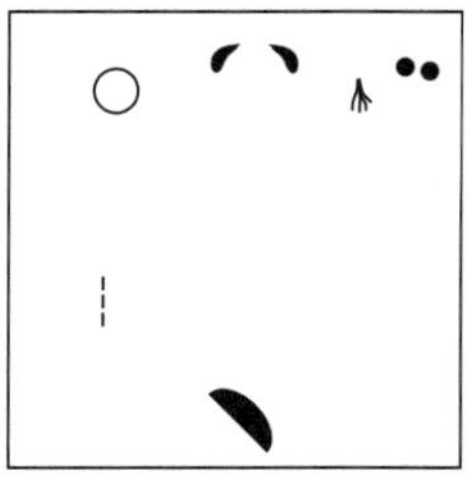

e) 
f) 
g) 
h) 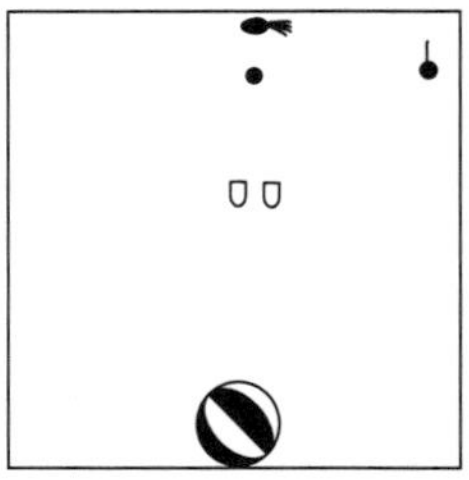

i) 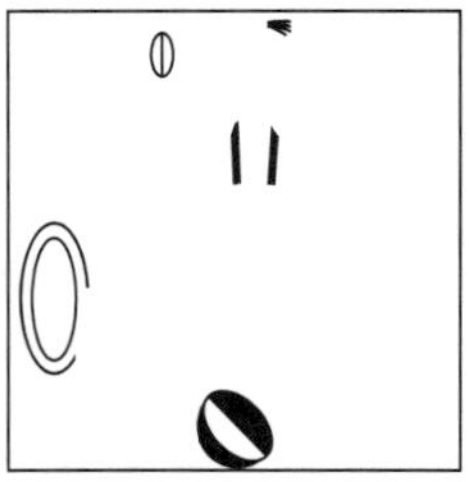
k) 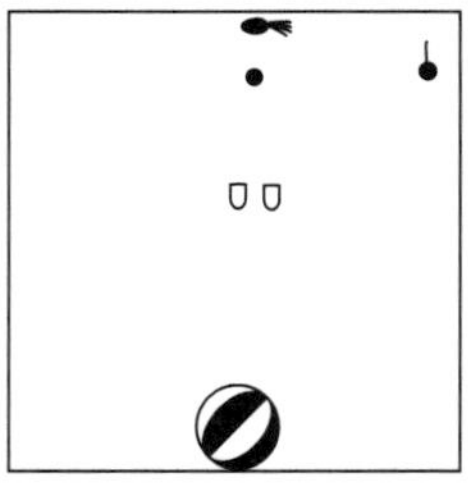
l) 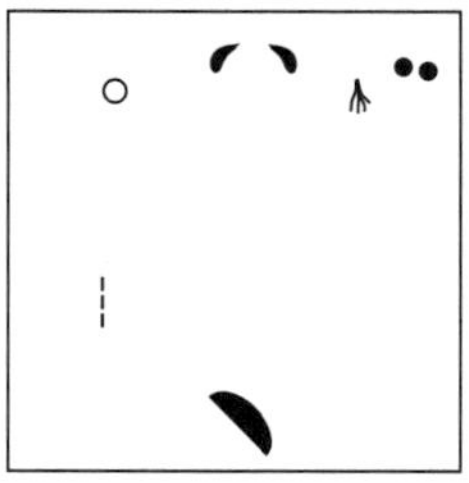
m) 

Fragen, die Sie nach Bearbeitung der Aufgabe mündlich beantworten sollen:

1. *Welche Strategie haben Sie angewendet, um die vier falschen Teilbilder zu finden?*
2. *Welche Art von Fehlern haben Sie gefunden?*
3. *Denken Sie, dass in allen Aufgaben die selben Fehler gemacht werden, oder sind Fehler eher aufgabenspezifisch?*

Komposition mit Zickzack-Linie

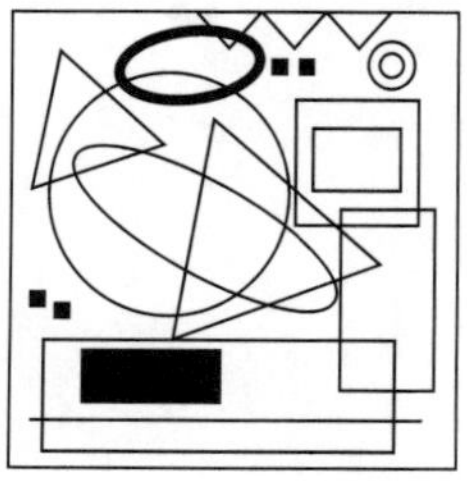

Modell

Bei dieser Aufgabe wurde das Modell nicht in zwei, sondern in drei Teilbilder zerlegt. In den vorherigen Aufgaben haben wir viel über die Belastung des Kurzzeitgedächtnisses (KZG) gesprochen. Bei dieser Aufgabe werden Sie spüren, dass die KZG-Belastung ansteigt. Um das dritte Teilbild zu finden, müssen Sie die Kombination der bereits gefundenen zwei Teilbilder als Zwischenresultat im Kopf behalten. Wenn Sie von den ersten zwei Bildern zu viele Elemente speichern, werden Sie unvermeidbar Ihr Gedächtnis überlasten (häufig spricht man in dieser Situation von einem black-out).

Fragen, die Sie vor Bearbeitung der Aufgabe mündlich beantworten sollen:

1. *Wie viele Dreiergruppen können Sie bilden?*
2. *Was können Sie tun, um eine Gedächtnisüberlastung zu vermeiden? Erinnern Sie sich an eine Strategie, die Sie in der Aufgabe «Kleine Figuren» zum ersten Mal angetroffen haben?*

a)
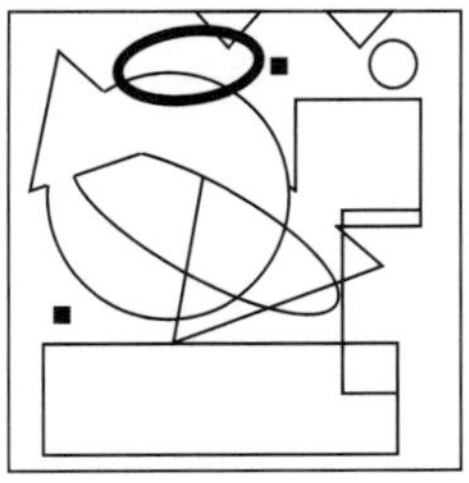

b)
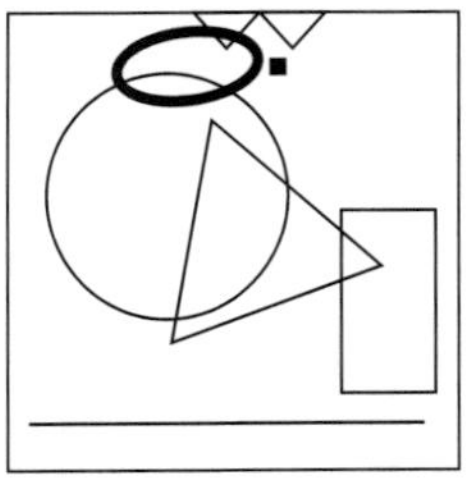

c)
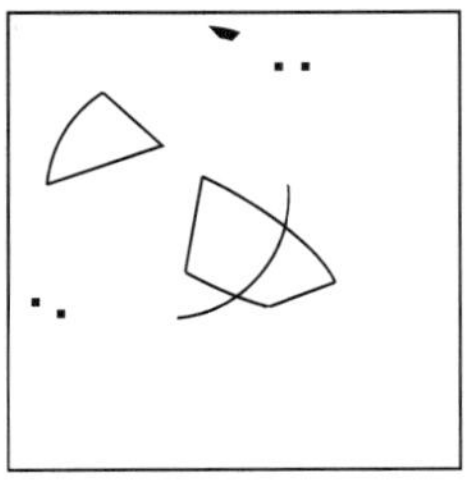

d)
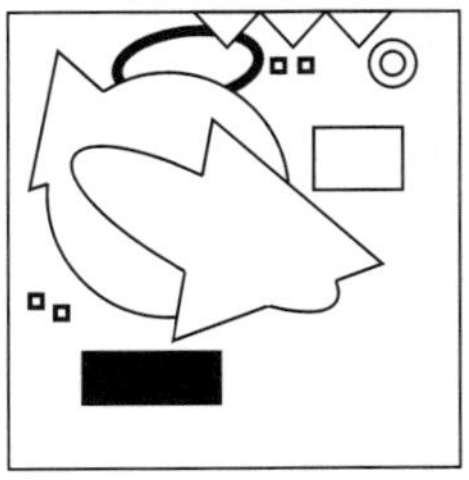

e)
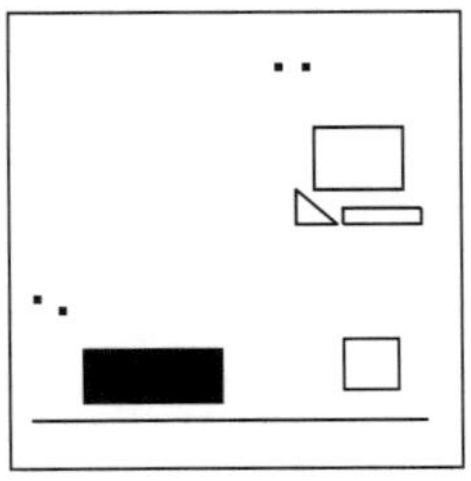

f)
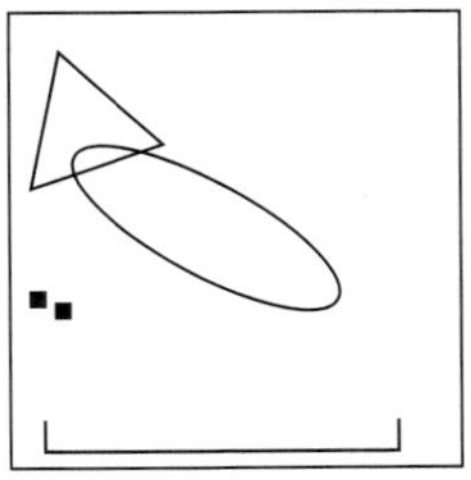

g)
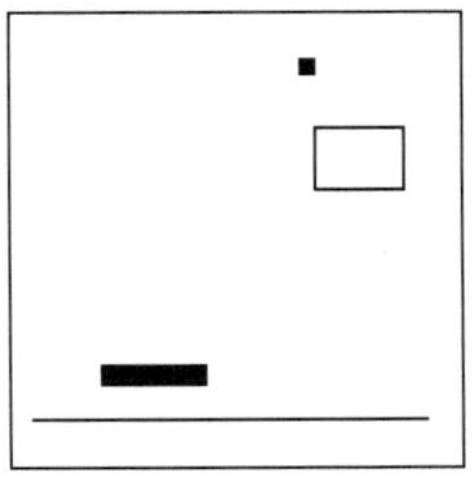

h)
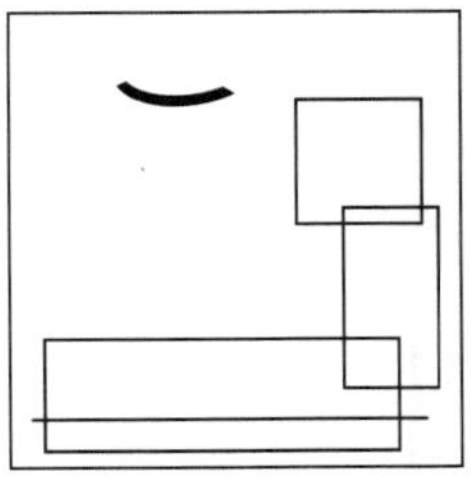

i)

k)
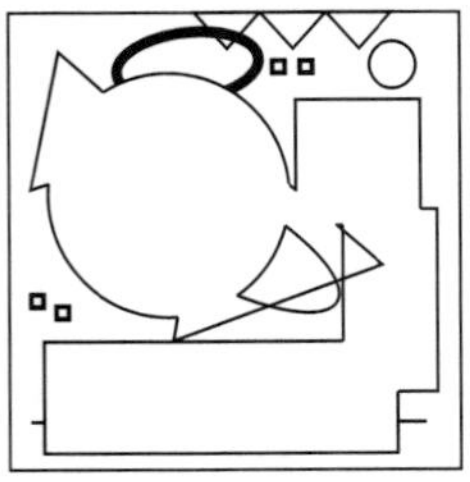

l)
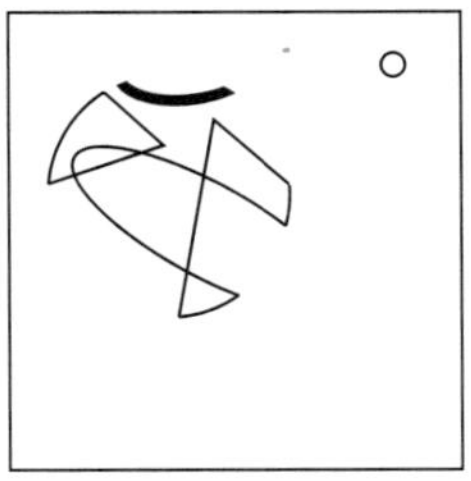

m)
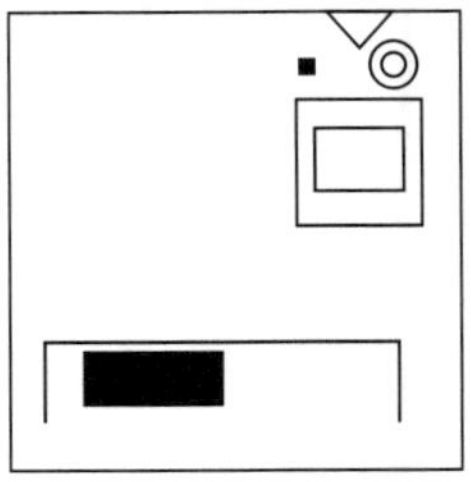

Fragen, die Sie nach Bearbeitung der Aufgabe mündlich beantworten sollen:

1. *Haben Sie diese Aufgabe schwieriger oder weniger schwierig gefunden als die Aufgabe «Clown»? Warum?*
2. *Welche Strategie haben Sie angewendet, um beim Suchen der dritten Teilfigur die bereits gefundenen nicht aus dem Kopf zu verlieren?*
3. *Haben Sie in der Schule oder im Betrieb schon ähnliche Situationen erlebt? Nennen Sie ein Beispiel.*

Steine

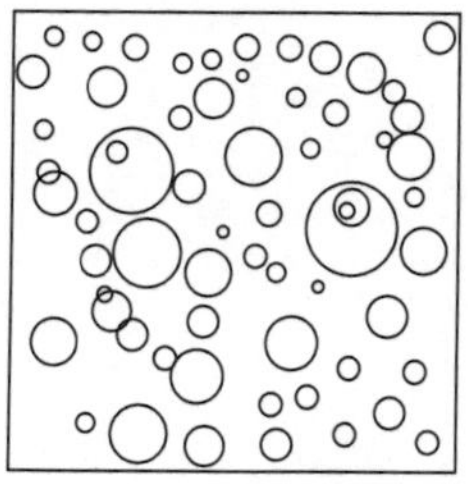

Modell

In dieser Aufgabe wurde die Schwierigkeit der Aufgabe «Clown» (falsche Teilbilder) mit der Schwierigkeit der Aufgabe «Komposition mit Zickzack-Linie» (drei statt nur zwei Teilbilder) kombiniert. Zugleich bietet das Modell wenig Strukturierungselemente, wie wir sie zum Beispiel bei den Aufgaben «Setzkasten» und «Seifenblasen» vorgefunden haben. Drei der Teilbilder enthalten Fehler und sind somit unbrauchbar. Versuchen Sie, die in der Aufgabe «Clown» gefundene **Fehlertheorie** anzuwenden. Und wenden Sie auch die Strategie der minimalen KZG-Belastung an.

Fragen, die Sie vor Bearbeitung der Aufgabe mündlich beantworten sollen:

1. Denken Sie, dass diese Aufgabe schwieriger sein wird als alle vorherigen oder nicht?
2. Stört es Sie oder finden Sie es hilfreich, dass alle Elemente die gleiche Grundfigur darstellen (Kreise)?

a)
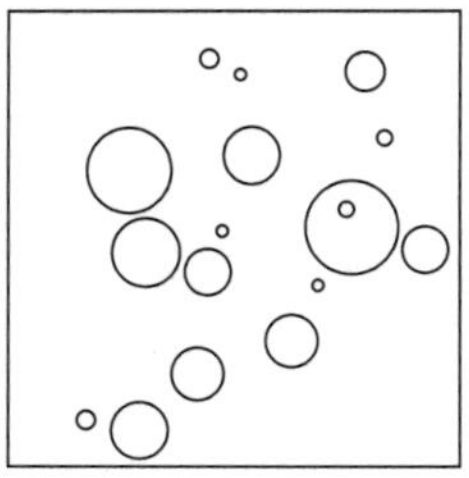

b)
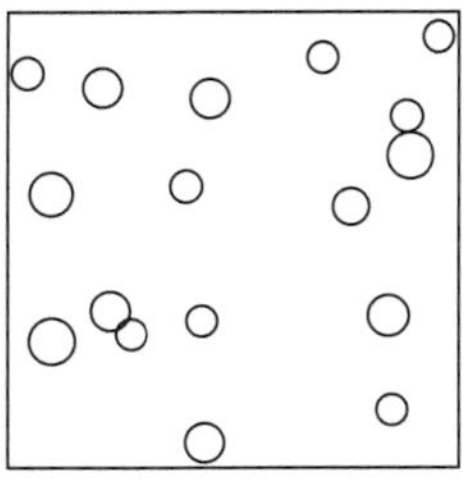

c)
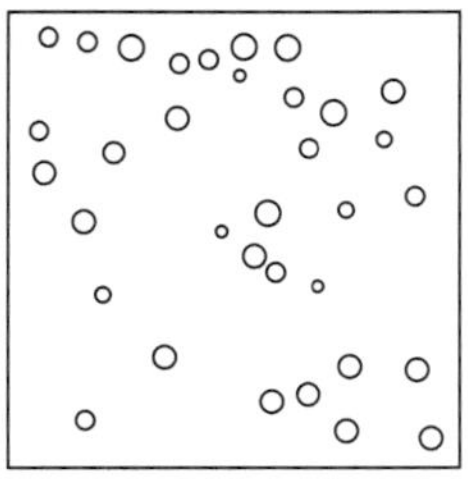

d)
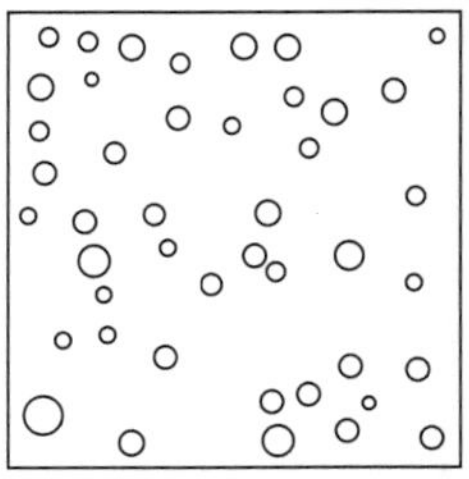

e)
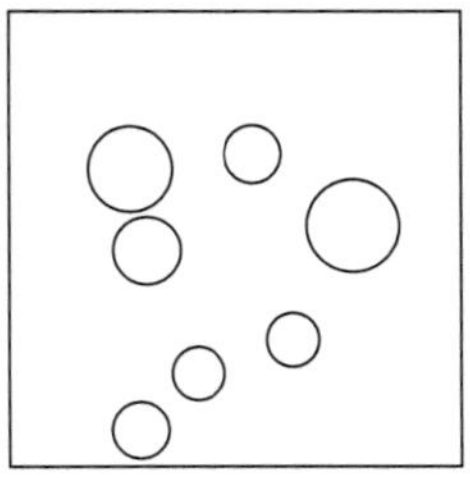

f)
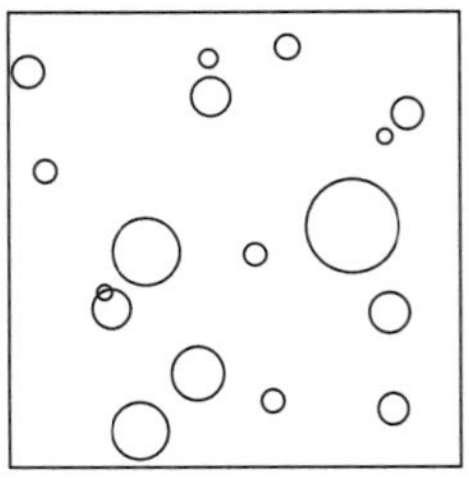

g)
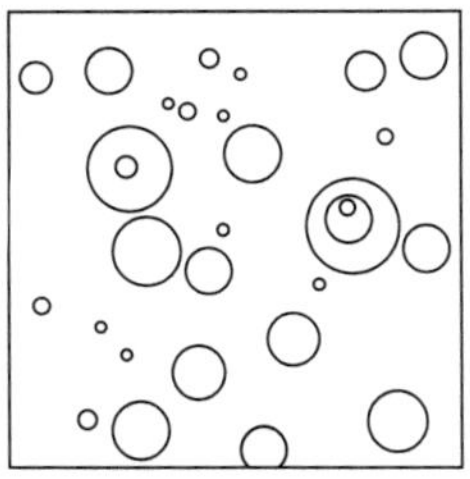

h)
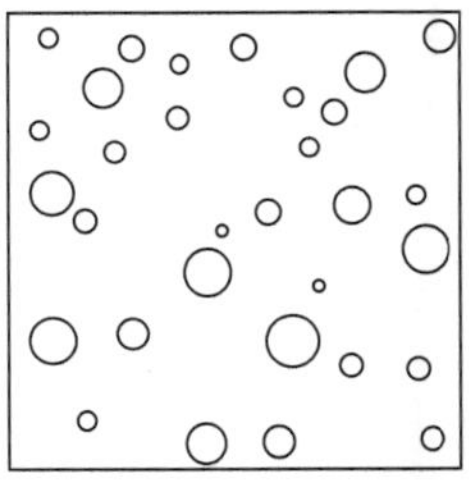

i)
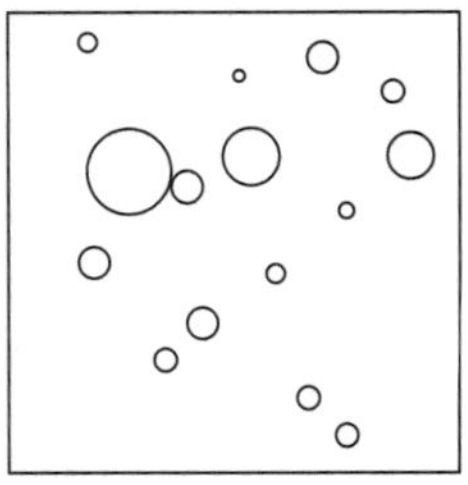

k)
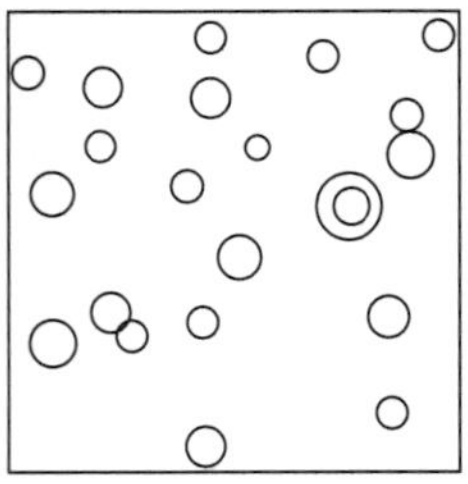

l)
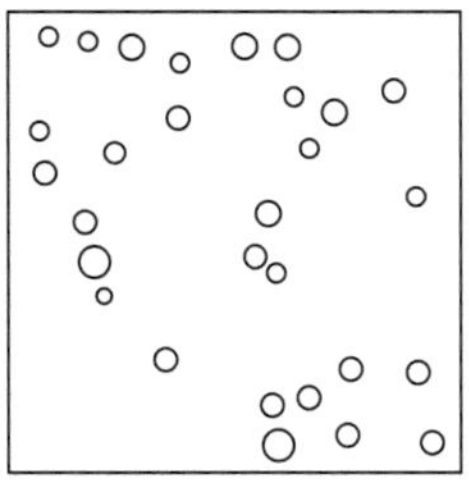

m)
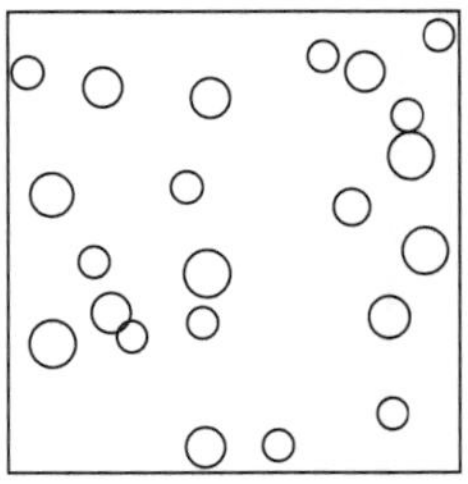

Fragen, die Sie nach Bearbeitung der Aufgabe mündlich beantworten sollen:

1. War die Aufgabe wirklich so schwierig, wie Sie gedacht haben, oder haben Sie den Schwierigkeitsgrad überschätzt?
2. Welche Strategie haben Sie angewendet, um die drei fehlerhaften Teilfiguren zu finden?
3. Welche Strategie haben Sie angewendet, um die KZG-Belastung tief zu halten?

Wilde Tiere

Modell

Modell

In dieser Aufgabe finden Sie die gleiche Schwierigkeit wie in der Aufgabe «Steine». Drei der Teilbilder sind fehlerhaft und somit unbrauchbar. Hingegen sind die beiden Modelle nicht aus drei, sondern nur aus zwei Teilbildern zusammengesetzt. Das vermindert die KZG-Belastung beträchtlich. Dafür müssen Sie hier eine Strategie finden, die Ihnen hilft, die beiden Modelle nicht zu verwechseln.

Fragen, die Sie vor Bearbeitung der Aufgabe mündlich beantworten sollen:

1. *Wie viele Paare pro Modell erwarten Sie?*
2. *Denken Sie, dass diese Aufgabe schwieriger oder weniger schwierig sein wird als die Aufgabe «Steine»? Nennen Sie zwei Argumente.*

a) 
b) 
c) 
d) 

e) 
f) 
g) 
h) 

i) 
k) 
l) 
m) 

n) 
o) 
p) 

Fragen, die Sie nach Bearbeitung der Aufgabe mündlich beantworten sollen:

1. *Welche Strategie haben Sie angewendet, um die beiden Modelle nicht zu verwechseln?*
2. *Nachdem Sie die Aufgabe nun zu Ende gebracht haben, denken Sie, dass Sie deren Schwierigkeit richtig eingeschätzt haben?*
3. *Nach welchem Prinzip wurden die fehlerhaften Teilfiguren konstruiert? Konnten Sie die in der Aufgabe «Steine» gefundene Fehlertheorie hier anwenden oder nicht?*

Ramira und Sebastian

Modell

Modell

In dieser Aufgabe haben wir die gleichen Komplikationen eingebaut wie in der Aufgabe «Wilde Tiere». Allerdings sind hier die beiden Modelle wieder in je drei Teilbilder zerlegt, anstatt nur in zwei. Versuchen Sie, sich an die Strategien zur Vermeidung einer KZG-Überlastung zu erinnern, die Sie bereits in den Aufgaben «Komposition mit Zickzack-Linie» und «Steine» angewendet haben.

Fragen, die Sie vor Bearbeitung der Aufgabe mündlich beantworten sollen:

1. *Denken Sie, dass diese Aufgabe schwieriger sein wird als die Aufgabe «Steine»? Warum?*
2. **Denken Sie, dass es einen Grund gibt, warum diese Aufgabe trotz der hohen Komplexität weniger schwierig ist, als sie auf den ersten Blick aussieht?**

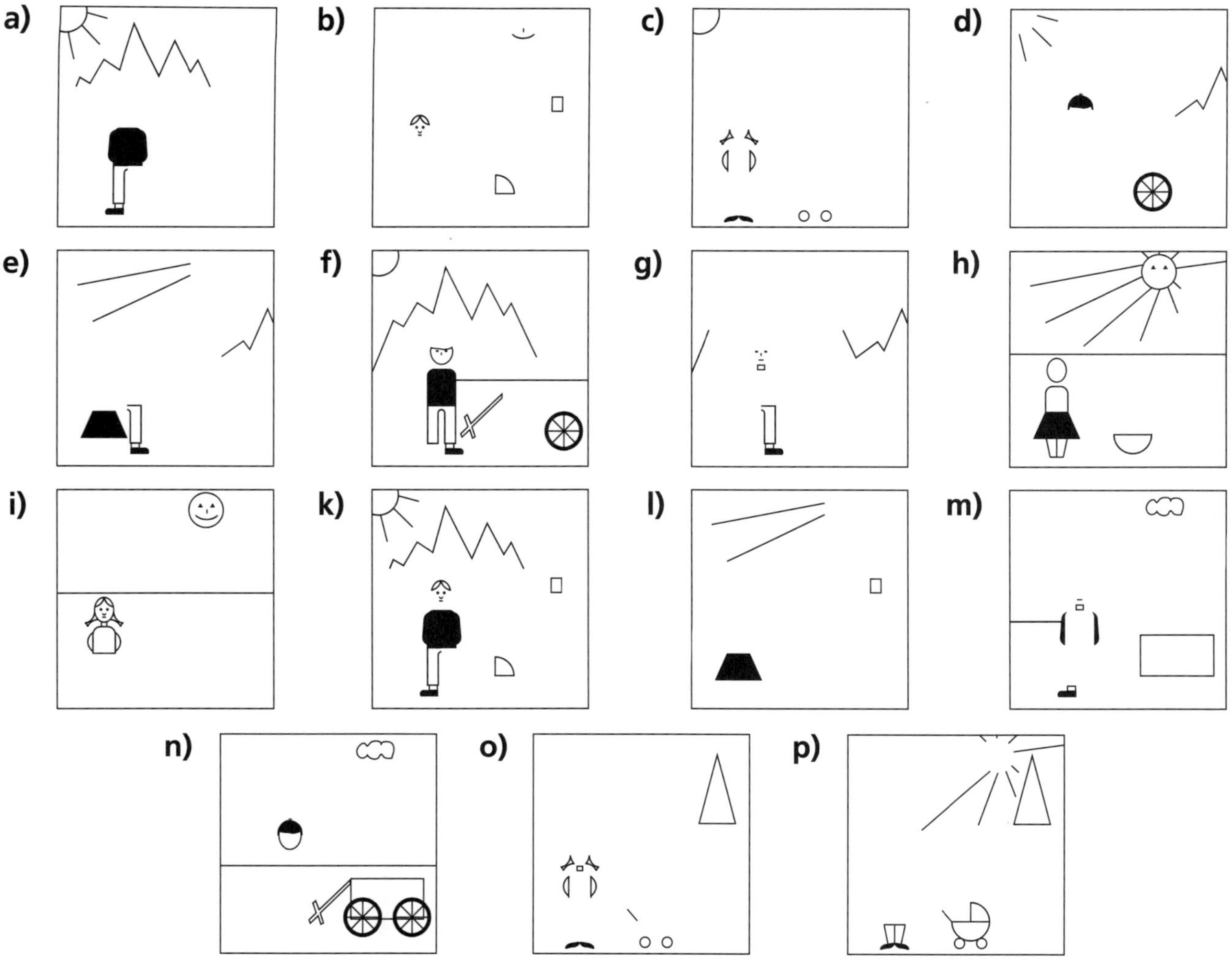

Fragen, die Sie nach Bearbeitung der Aufgabe mündlich beantworten sollen:

1. *Nach welchem Prinzip wurden die fehlerhaften Teilfiguren konstruiert? Wurde dieses Prinzip bereits in einer früheren Aufgabe angewandt?*
2. *Hat Ihnen die Aktivierung des Vorwissens in dieser Aufgabe geholfen?*
3. *Erinnern Sie sich an die Unterscheidung zwischen S- und K-Information? Wir haben diese Unterscheidung bereits in der Serie* Fenster *eingeführt und in dieser Serie mit der Aufgabe «Eingerahmte Himmelskörper» wieder aufgenommen. Diskutieren Sie für jedes gefundene Tripel, welche K-Information Sie verwendet haben.*

Citybike

Das Originalbild wurde in Streifen geschnitten. Entwickeln Sie eine Strategie, die Ihnen erlaubt, die Streifen so zu ordnen, dass wieder das ursprüngliche Bild entsteht. Sie dürfen aber die Streifen nicht ausschneiden. Bezeichnen Sie die richtige Ordnung mit Zahlen. Diese Anweisung gilt für alle Bildstreifen-Aufgaben.

***Frage:** Wie haben Sie kontrolliert, dass die von Ihnen gefundene Ordnung stimmt?*

Seerosen

Dieses Bild hat keine bekannte technische Struktur wie das Bild «Citybike». Sie müssen sich auf die Blätter und auf das Schilf konzentrieren. In den Serien *Fenster* und *Ergänzungsfiguren* haben Sie gelernt, zwischen einer Suchinformation (S) und einer Kontrollinformation (K) zu unterscheiden. Wenden Sie diese Strategie auch hier an.

***Frage:** Verglichen mit dem Bild «Citybike», finden Sie diese Aufgabe leichter oder schwieriger? Warum?*

Haus im Tessin mit Steintreppe und Stützmauern

Hier finden Sie wieder mehrere klare Strukturen (Haus, Treppe, Brücke, Stützmauern, Briefkasten). Verwenden Sie diese Strukturen, um das Bild zusammenzusetzen. Mit dieser Strategie profitieren Sie von Ihrem Vorwissen, das Sie im Langzeitgedächtnis (LZG) gespeichert haben. Für jede Aufgabe gilt: **Je mehr Sie vom Vorwissen profitieren, umso leichter wird die Aufgabe.**

Frage: *Profitieren Sie in der Schule oder im Betrieb auch bewusst von Ihrem Vorwissen? Nennen Sie zwei Beispiele.*

Schubkarre

Diese Aufgabe weist wiederum eine bekannte Struktur auf. Stellen Sie sich den Gegenstand bildlich vor. Allerdings müssen Sie die etwas ungewohnte Perspektive mit in Betracht ziehen. Und vergessen Sie nicht, Ihre Wahl durch eine K-Information abzusichern.

***Frage:** Für Leute, die auf dem Land oder auf dem Bau arbeiten, ist diese Aufgabe leichter als für Personen, die nie Schubkarren stossen. Warum?*

Fernheizung

Diese Aufgabe ist zwar ebenfalls aus nur 9 Streifen zusammengesetzt. Aber die bildliche Vorstellung eines grossen Gebäudekomplexes ist schwieriger als diejenige einer Schubkarre. Sie haben aber bereits in der *Fenster*-Serie (zum Beispiel «Terassierte Gärten») gelernt, wichtige Einzelteile als S-Information zu verwenden. Wenden Sie diese Strategie auch hier an. Und vergessen Sie nicht, sie durch eine K-Information zu ergänzen.

Frage: Wenn Sie die S-Information auf der Bildebene der Gebäude gesucht haben, auf welcher Ebene suchen Sie dann die K-Information?

Scuola Comunale

Sie haben bereits gelernt, von Ihrem Vorwissen zu profitieren (zum Beispiel im Bild «Haus im Tessin mit Steintreppe und Stützmauern»). Wenden Sie diese Strategie auch hier an. Das ganze Bild setzt sich aus Objekten zusammen, die Ihnen bekannt sind. Achtung: wenn Sie den unteren Stock als S-Information verwendet haben, dann nehmen Sie den oberen Stock oder den Vorgarten als K-Information.

Frage: *Warum ist es wichtig, die S- und die K-Information auf unterschiedlichen Bildebenen zu suchen?*

Tessinerhaus mit drei Palmen

In den *Ergänzungsfiguren* («Eingerahmte Himmelskörper») haben wir gesehen, dass der Titel oft nützliche Information enthält. Dieses Bild ist wegen der wilden Strukturen der Gebüsche eher schwierig. Deshalb wird im Titel bereits angezeigt, dass aus den Streifen auf alle Fälle drei Palmen gebildet werden können.

Frage:** Gibt es in Ihrem Schul- oder Betriebsalltag Situationen, in denen es nützlich ist,* ***die Überschrift oder andere Kurzhinweise genau zu lesen? *Geben Sie ein Beispiel.*

Stichsäge

Wer schon mit einer Stichsäge gearbeitet hat, dem wird es leicht fallen, sich vom Gegenstand eine innere Vorstellung zu machen. Sie haben das bereits beim Bild «Schubkarre» geübt. Achten Sie trotzdem darauf, jede S-Information durch eine K-Information abzusichern.

***Frage:** Gerade bei scheinbar einfachen Aufgaben überspringen wir gerne eine Phase. Warum?*

Baugerüst

Dies ist wieder eine typisch gut strukturierte Aufgabe: Das Bild hat klare Linien und eine deutliche Perspektive. Zusätzlich erlaubt Ihnen die vorgeschobene Abfalltonne, Ihr Vorwissen zu aktivieren.

***Frage:** In welchen vorherigen Aufgaben haben Sie ebenfalls die Perspektive als Hilfe verwendet? Nennen Sie zwei Beispiele aus der Fenster-Serie.*

Boulevard mit Autos

In dieser Aufgabe ist die Beachtung der Perspektive nicht nur nützlich, sondern fast unentbehrlich. Zusätzlich können Sie Ihr Vorwissen über Autos aktivieren. Achtung: Trennen Sie das Bild in eine vordere (Autos) und eine hintere Bildebene. Suchen Sie die S- und K-Information in je einer unterschiedlichen Bildebene.

Frage:** Verglichen mit der Aufgabe «Baugerüst», welche der beiden Aufgaben haben Sie leichter gefunden? Warum? Denken Sie, dass dies für alle Leute gilt? Wenn nicht, **wovon hängt die unterschiedliche Beurteilung der Schwierigkeit ab?

Drei Häuser mit Glyzinien links oben

Obwohl das Bild recht klare Strukturen aufweist, ist die Stellung der Häuser etwas ungewohnt. Deshalb wurde im Titel darauf hingewiesen, dass es sich um drei Häuser handelt. Als weitere Hilfe werden die Glyzinien genannt. Überlegen Sie sich einmal mehr, was Sie als S- und was Sie als K-Information verwenden. Vor allem: Vernachlässigen Sie nie die K-Information.

Frage: *Warum sind die laufende Kontrolle und die Schlusskontrolle so wichtig in der Schule und im Betrieb? Geben Sie zwei Argumente.*

Schwarze Zehn – 8

Streichen Sie alle Zeichen im Rahmen durch, die nicht mit den Modellzeichen identisch sind (in Bezug auf das Zeichen selbst, auf seine Form, auf seine Farbe und auf seine Orientierung). Die Zeichentafeln sollen Ihnen helfen, Ihre Aufmerksamkeit und Ihr Kurzzeitgedächtnis (KZG) zu verbessern. Diese Anweisung gilt für alle Zeichentafeln-Aufgaben.

❿ ② ⑧ ❺ ⑩ ⑤ ❽ ❷

⑥	②	❶	⑧	①	⑨	⑤	③	❶	⑧	❻	❷	⑩
⑨	❿	❺	❷	③	⑦	⑩	❽	❻	⑨	❿	❷	❶
❹	⑤	④	❿	⑤	⑧	❷	①	❺	③	❷	⑤	❸
②	❼	③	❷	❶	②	⑩	⑨	❻	⑦	⑧	⑨	①
①	❸	⑤	⑨	❿	❾	③	❽	⑤	❶	❿	❼	❷
⑨	❺	❹	❶	❻	⑨	❸	②	⑦	❺	④	③	⑧
❷	❾	❿	⑤	①	④	❶	❺	⑩	❾	⑦	⑨	❷

Frage, die Sie nach Bearbeitung der Aufgabe mündlich beantworten sollen:
Haben Sie in den Modellzeichen irgendein Prinzip entdeckt, das Ihnen half, die Zeichen zu gruppieren?

i – 6

Befolgen Sie dieselbe Anweisung wie in der vorherigen Aufgabe. Bevor Sie jedoch mit dem Durchstreichen beginnen, sollten Sie die Modellzeichen zudecken. Sie müssen sie also vorher im Gedächtnis behalten. Diese zusätzliche Bedingung gilt für alle nachfolgenden Zeichentafeln.

i GwF sM

wk i x L G f s NWU I Z K J sM

mO s CMe n F X SwGmQ F z i

V u L J C FMA i NG I s Y kwm

F G s Xm i E s ZWcMB V u n G

f t K v i ONh S A t E O f F X L

h sMdU B F K G s NwM I m v M

Z G L e k JwcF i n s Z AwS x

i v QmF z LwMs U E H G P e i

Frage, die Sie nach Bearbeitung der Aufgabe mündlich beantworten sollen:
*Welche Strategie haben Sie angewandt, um die Modellzeichen im Gedächtnis zu behalten? **Haben Sie sie in Gruppen zusammengefasst (zum Beispiel gross – klein) oder haben Sie kleine Kunstwörter oder geläufige Abkürzungen verwendet?***

e – 8

Decken Sie, wie in der vorigen Aufgabe, die Modellzeichen zu, bevor Sie mit dem Durchstreichen beginnen. Suchen Sie zuerst nach Ähnlichkeiten in den Modellzeichen. Damit vermindern Sie die Anzahl der Informationseinheiten im KZG.

e o u O r E k R

E	u	r	o	K	r	e	F	G	P	U	O	i	D	V	R	o
S	k	e	U	d	t	O	R	c	u	F	k	e	E	n	G	u
O	A	N	C	R	u	E	l	h	K	o	S	L	u	K	e	r
a	E	D	o	v	P	e	r	D	E	u	Q	r	e	R	O	f
r	C	Y	e	G	E	s	o	u	d	R	o	F	u	t	d	k
A	Q	k	c	u	R	V	e	n	O	c	a	k	i	E	r	h
u	f	P	n	e	U	O	a	R	U	Y	N	r	e	O	K	v
C	A	E	r	k	L	e	r	u	h	Q	E	P	s	d	r	n

Fragen, die Sie nach Bearbeitung der Aufgabe mündlich beantworten sollen:

1. *Wie viele unterschiedliche Buchstaben mussten Sie im Gedächtnis behalten?*
2. *Können Sie diese Strategie auch in der Schule oder im Betrieb anwenden? Geben Sie ein Beispiel.*

h – 10

Die Modellzeichen dieser Aufgabe sind schwieriger zu gruppieren. Suchen Sie nach einer andern Strategie, die Ihnen hilft, die KZG-Belastung zu vermindern.

h P a D L i H x A c

H	c	R	x	D	o	r	A	i	P	e	Q	h	t	u	D	c
a	n	J	H	d	Z	b	h	O	s	L	Y	c	v	i	k	U
o	z	A	F	G	c	Q	L	x	n	D	H	r	J	E	u	x
P	l	e	L	a	t	u	B	k	C	M	Y	A	X	z	o	J
B	i	E	v	x	G	n	H	R	c	F	k	b	h	P	L	D
z	A	C	r	E	X	c	Y	U	F	h	a	l	s	t	x	i
d	P	c	O	H	Y	e	Q	i	L	o	D	k	B	c	r	H
E	a	G	R	I	U	h	s	P	J	A	X	i	C	u	a	J

Fragen, die Sie nach Bearbeitung der Aufgabe mündlich beantworten sollen:

1. *Haben Sie sich schon mal gefragt, welche Bedeutung der Titel hat?*
2. *Haben Sie eine einzige Strategie angewandt oder haben Sie mehrere kombiniert?*

Schwarze Rübe – 5

In den nachfolgenden Aufgaben bestehen die Modellzeichen nicht mehr aus Zahlen oder Buchstaben, sondern aus mehr oder weniger bekannten Sonderzeichen. Somit müssen Sie neue Strategien entdecken, um sie zu behalten.

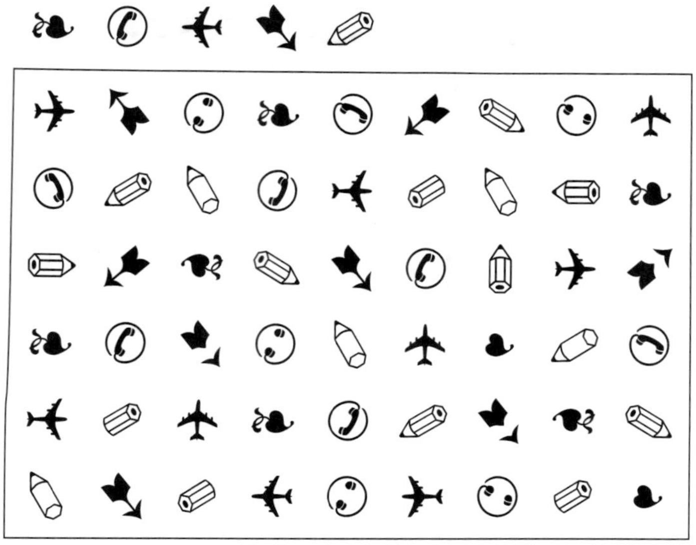

Fragen, die Sie nach Bearbeitung der Aufgabe mündlich beantworten sollen:

1. *Welche Strategie haben Sie verwendet?*
2. *Haben Sie in Ihrer Strategie auch die Orientierung der Zeichen beachtet?*

Schwarzer Stern – 5

Bevor Sie mit der Bearbeitung der Aufgabe beginnen, versuchen Sie herauszufinden, bei welchen Modellzeichen die Orientierung eine Rolle spielt. Damit verringern Sie die Anzahl der Merkmale, die Sie im KZG behalten müssen.

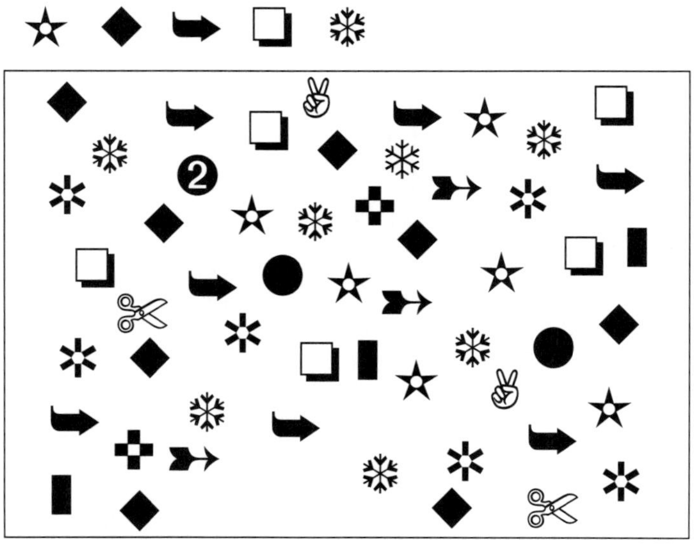

Frage, die Sie nach Bearbeitung der Aufgabe mündlich beantworten sollen:

Bei welchen Modellzeichen spielt die Orientierung eine Rolle? Was haben Sie getan, um diese Frage zu beantworten?

Weisse Blume – 5

Erinnern Sie sich, nach welchen vier Merkmalen die Zeichen in der Tafel variieren können? Bei dieser Aufgabe ist es besonders wichtig, dass Sie jedes Zeichen nach den vier Merkmalen analysieren.

Frage, die Sie nach Bearbeitung der Aufgabe mündlich beantworten sollen:

Haben Sie diese Aufgabe schwieriger gefunden als die zwei vorherigen? Warum?

Weisser Stern – 5

Diese Tafel ist ziemlich gross und die Zeichen sind nicht geordnet verteilt. Suchen Sie eine Strategie, die Ihnen hilft, systematisch zu arbeiten und keine Zeichen zu vergessen.

Frage, die Sie nach Bearbeitung der Aufgabe mündlich beantworten sollen:

Welche Strategie haben Sie verwendet, um sicherzustellen, dass Sie keine Zeichen vergessen?

Schwarzer Stern – 6

Genau wie bei der Aufgabe «Weisse Blume – 5» geht es auch hier wieder um die Aufmerksamkeit. **Wie können wir die Aufmerksamkeit verbessern? Indem wir uns eine Liste von Kontrollmerkmalen erstellen.** Gehen Sie zur Aufgabe «Schwarze Zehn – 8» zurück und schauen Sie nochmals, nach welchen Merkmalen die Zeichen verändert sein können. Das hilft Ihnen, die wichtigen Merkmale der Modellzeichen im Kopf zu behalten.

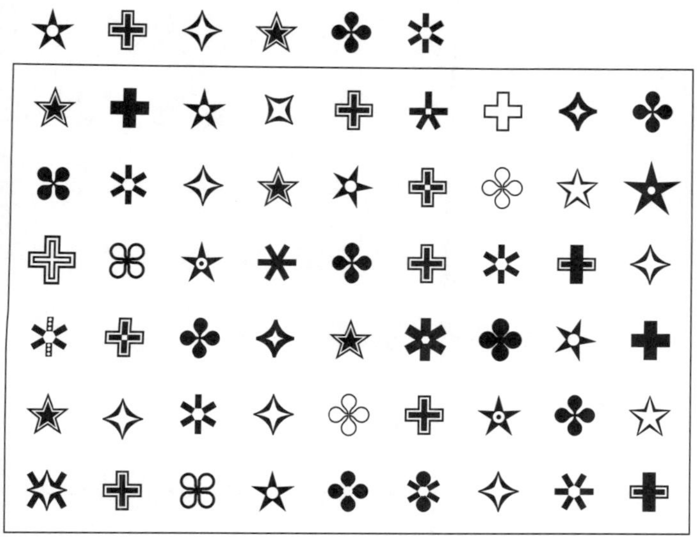

Fragen, die Sie nach Bearbeitung der Aufgabe mündlich beantworten sollen:

1. *Verglichen mit «Weisser Stern – 5», welche der beiden Aufgaben war schwieriger?*
2. *Gibt es in der Schule oder im Betrieb Situationen oder Probleme, in denen Sie die gleiche Kontrollstrategie anwenden?*
3. *Haben Sie den Modellzeichen Namen gegeben? Welche?*

Schwarzer horizontaler Pfeil – 7

Gleich wie bei der Aufgabe «Weisser Stern – 5» sind die Zeichen auch hier ungeordnet. Wenden Sie wiederum eine Strategie an, die Ihnen hilft, systematisch zu arbeiten und keine Zeichen zu vergessen. Sie könnten zum Beispiel die Tafel mit Linien in kleine Sektoren unterteilen und nachher jedes kontrollierte Zeichen abhaken.

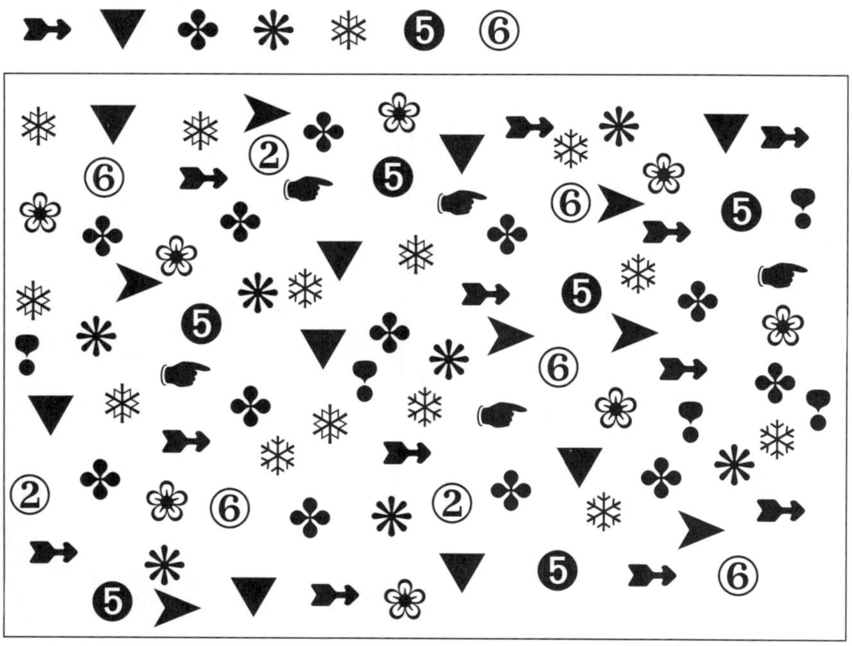

Fragen, die Sie nach Bearbeitung der Aufgabe mündlich beantworten sollen:

1. *Welche Strategie haben Sie verwendet, um die sieben Zeichen im Gedächtnis zu behalten?*
2. *Welche Kontrollstrategie haben Sie verwendet?*

Kreis – Pfeil

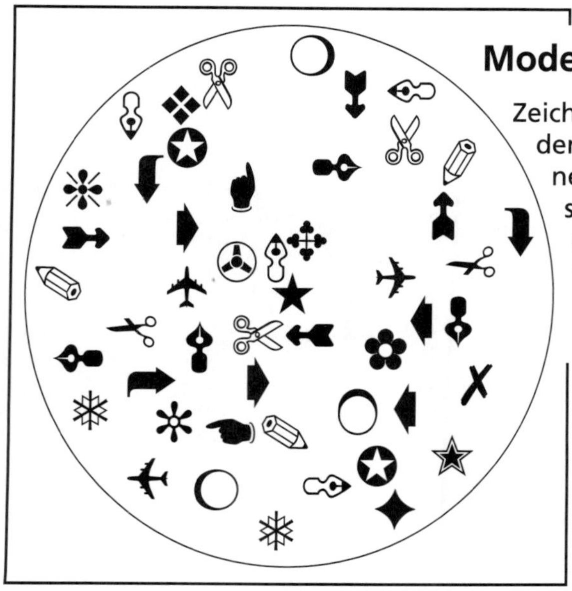

Modell

Das Modellrad links hat sich in den Positionen a, b und c um seine Achse gedreht. Dabei haben einige Zeichen ihre relative Position oder ihre Orientierung geändert. Andere sind verändert worden, herausgefallen oder neu dazugekommen. Streichen Sie in den drei Zielkreisen (a–c) alle Zeichen durch, welche nicht dem Modell entsprechen und machen Sie ein Kreuz, wo ein Zeichen fehlt. Ziel der Zeichenräder ist es, eine oder mehrere Strategien zu finden, die Ihnen erlauben, Ihr KZG möglichst wenig zu belasten.

Aufgabe a)

In den Zeichentafeln haben Sie bestimmte Strategien angewendet, die Ihnen geholfen haben, die falschen Zeichen schnell und sicher zu entdecken. In dieser Aufgabe finden Sie die gleichen oder ähnliche Zeichen wie in den Zeichentafeln. Trotzdem stellen Sie fest, dass die meisten Suchstrategien hier nicht sehr wirksam sind.

Frage: *Welches ist der wesentliche Unterschied zwischen den zwei Aufgabentypen?*

Aufgabe b)

Bei der Wahl einer Strategie orientieren wir uns zuerst einmal an den Oberflächenmerkmalen. In dieser Aufgabe stellen die Zeichen die Oberflächenmerkmale dar. Strukturell unterscheiden sich die Zeichentafeln von den Zeichenrädern dadurch, dass Sie das ganze System in Ihrem Kopf rotieren müssen. Ein weiteres Strukturmerkmal ist die nicht lineare Anordnung der Zeichen.

Frage: *Welches der beiden Strukturmerkmale haben Sie schon bei den Zeichentafeln angetroffen?*

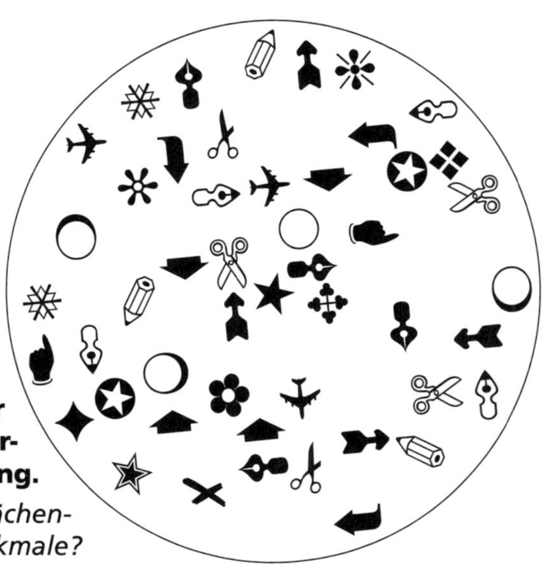

Aufgabe c)

In der Lernpsychologie unterscheidet man zwischen Oberflächenmerkmalen und Tiefen- oder Strukturmerkmalen einer Aufgabe. **Oberflächenmerkmale beanspruchen nur Ihre Wahrnehmung. Strukturmerkmale hingegen verändern die Aufgabenstellung.**

Frage: *Welches sind bei den Zeichenrädern die Oberflächenmerkmale und welches sind die Strukturmerkmale?*

Trapez – Stern

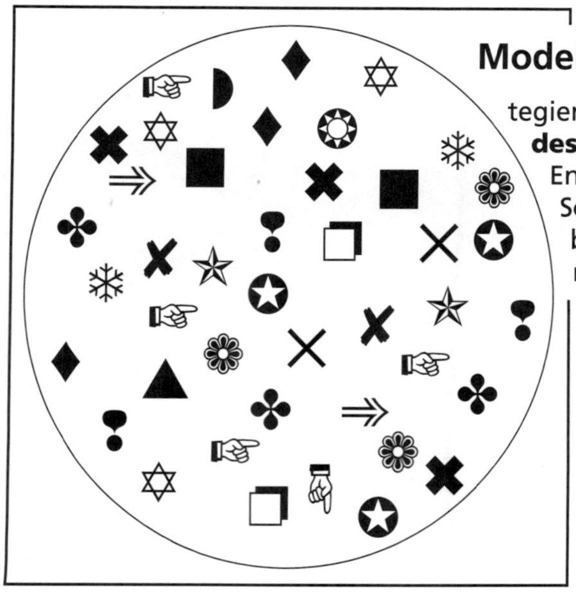

Modell Die Zeichenräder sind ziemlich schwierig, wenn Sie sich auf die in den Zeichentafeln gefundenen Strategien beschränken. Sie führen meist zu einer **Überlastung des KZG und lösen deshalb negative Gefühle aus.** Entweder Sie fühlen sich unbegabt, oder Sie suchen die Schuld bei der Aufgabe: diese ist zu schwierig oder zu blöd. Manche denken auch, sie hätten heute einfach einen schlechten Tag und könnten daran nichts ändern.

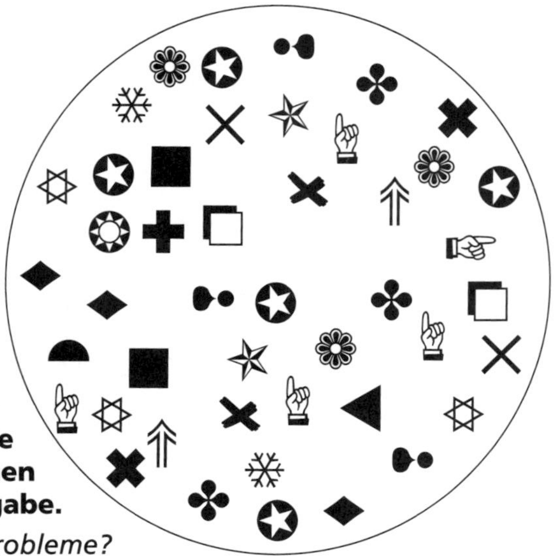

Aufgabe a) Um eine erfolgreiche Strategie zu entdecken, müssen Sie sich daran erinnern, dass **Strategien Werkzeuge darstellen, die eine persönliche Verbindung herstellen zwischen Ihnen und der Aufgabe.**

Frage: *Welches sind in dieser Serie Ihre beiden Hauptprobleme?*

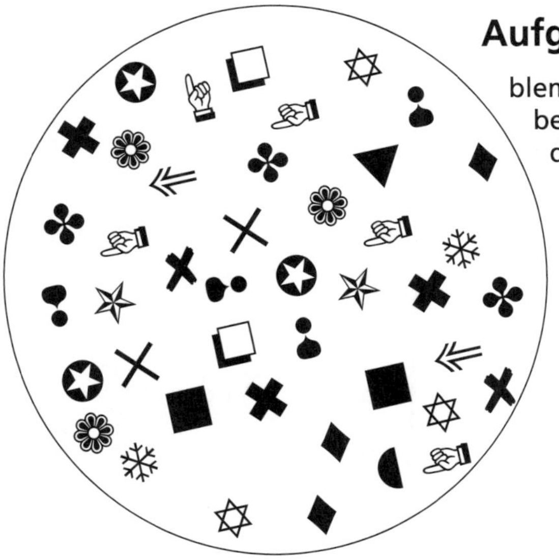

Aufgabe b) Sie haben sicher entdeckt, dass Sie ein altes und ein neues Problem haben. Das alte Problem besteht in der Unordnung der Zeichen. Dafür haben Sie bereits in den Zeichentafeln erfolgreiche Strategien gefunden.

Frage: *Welche dieser Ordnungsstrategien können Sie hier anwenden?*

Aufgabe c) Das neue Problem besteht darin, dass das gesamte System rotiert wurde. Wenn Sie für jedes Zeichen die Rotation in Ihrem Kopf nachvollziehen, produzieren Sie unweigerlich eine KZG-Überlastung. Sie haben aber in früheren Aufgaben gelernt, **dass Sie eine KZG-Überlastung oft durch externe Gedächtnisse (z. B. Linien zeichnen) verringern können.**

Frage: *Welche Art von externem Gedächtnis führt bei den Zeichenrädern zu einer Verminderung der KZG-Belastung?*

Blume – Kristall

Modell Die Bearbeitung der bisherigen Zeichenräder hat Ihnen geholfen, die strukturell bedingten Schwierigkeiten der Aufgaben zu erkennen. Jetzt geht es darum, eine Strategie zu finden, welche die Aufgabe so sehr vereinfacht, dass Sie keine KZG-Überlastung mehr verursacht. Wenn Sie diese Strategie gefunden haben, werden die Aufgaben in Ihnen auch keine unangenehmen Gefühle mehr auslösen.

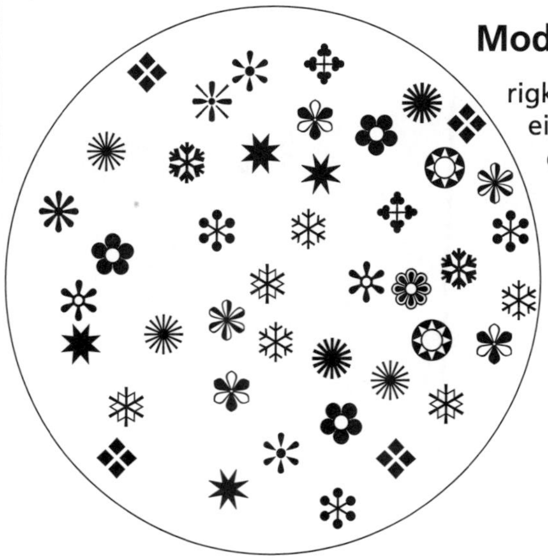

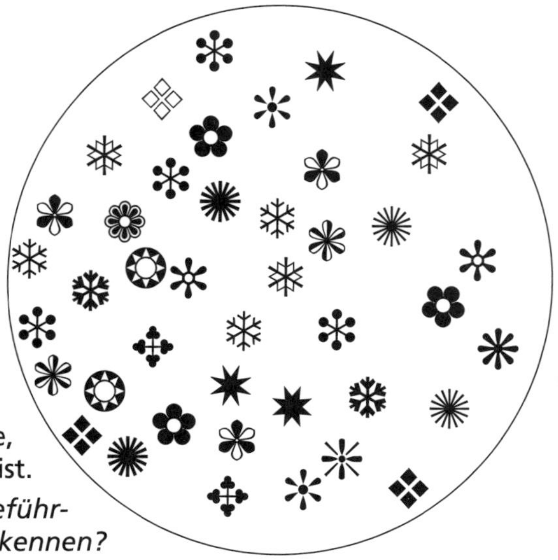

Aufgabe a)

Die KZG-Überlastung entsteht dadurch, dass das Zeichenrad für eine mentale Rotation zu viele Zeichen enthält, von denen jedes nach zwei unterschiedlichen Merkmalen verändert sein kann: relative Position und Orientierung. Zusätzlich ist es möglich, dass ein Zeichen verändert wurde, verloren gegangen oder neu dazugekommen ist.

Frage: *Welche Strategie erlaubt Ihnen, die durchgeführten Veränderungen zu erkennen?*

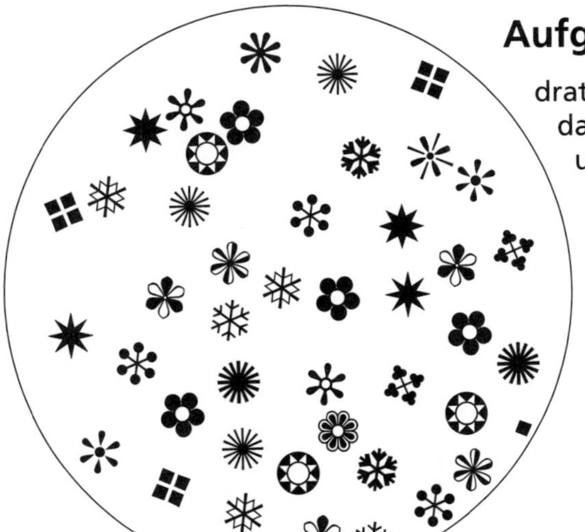

Aufgabe b)

Wenn Sie sich nun im Modellrad ein Zeichen merken (zum Beispiel die vier schwarzen Quadrate oben links, nahe am Rand), dann müssen Sie nicht nur das Zeichen, sondern auch seine Nachbarn im Kopf behalten, um es im rotierten Kreis zu finden. Dieses Zeichen ist nämlich dreimal in ähnlicher Position enthalten.

Frage: *Welche Strategie hilft Ihnen, das Zeichen im rotierten Kreis zu finden und sicher zu sein, dass es keine Veränderungen erlitten hat?*

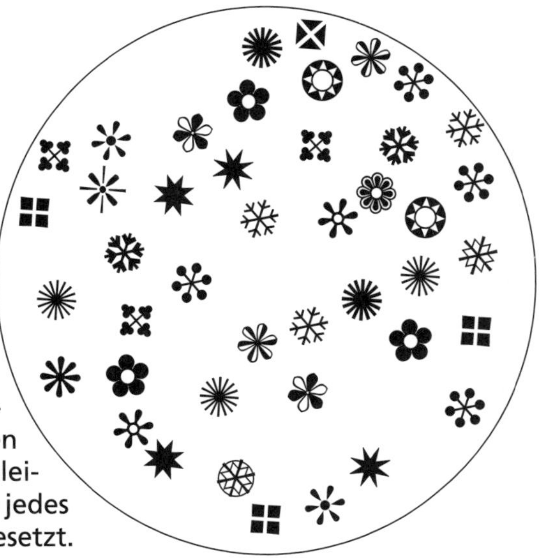

Aufgabe c)

Wir haben bis jetzt zwei Dinge herausgefunden: Wir müssen das Zielzeichen zu möglichst wenigen Nachbarzeichen in Beziehung setzen. Und wir müssen die Zeichen durch Linien miteinander verbinden. Sie können zum Beispiel die vier schwarzen Quadrate im Modellrad oben links als Ausgangspunkt definieren und von da ausgehend alle Zeichen im Modellrad schneckenartig miteinander verbinden. Die gleiche Schneckenlinie zeichnen Sie im Zielrad. Damit haben Sie jedes Zeichen zu seinem Nachbarzeichen in Beziehung gesetzt.

Spielregeln, Blatt I: Ausgangslage

In den strategischen Spielen stellen die schwarzen Figuren das Spiel des Gegners dar. Die schwarzen Figuren können sich nicht bewegen. Sie können jedoch Strahlen aussenden gemäss den nachfolgenden Regeln. Ein Feld, das von einem Strahl besetzt ist, können Sie mit Ihrem weissen Bauern nicht besetzen. Wenn Sie es doch besetzen wollen, müssen Sie zuerst die schwarze Figur eliminieren, die den Strahl aussendet. Sie selber besitzen nur eine einzige Figur: einen weissen Bauern. Diesen können Sie gemäss den nachfolgenden Spielregeln bewegen:

Um das Spiel anzufangen, setzen Sie Ihren Bauern in ein beliebiges Feld der ersten Reihe, sofern dieses nicht durch eine andere Figur besetzt oder durch deren Strahl bedroht ist.

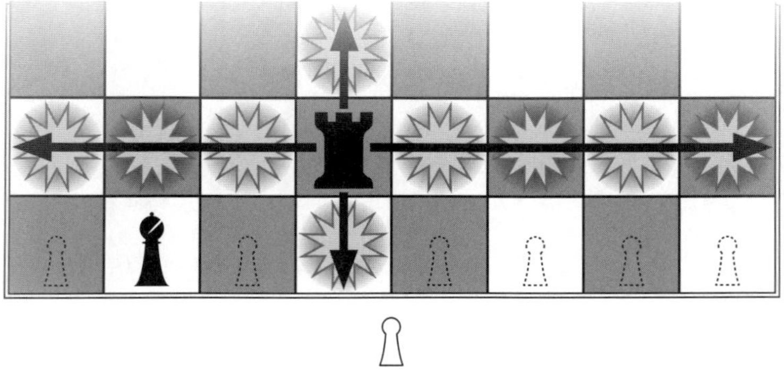

Das Spiel ist gewonnen, wenn der weisse Bauer in einem Feld angelangt ist, das direkt an den König angrenzt.

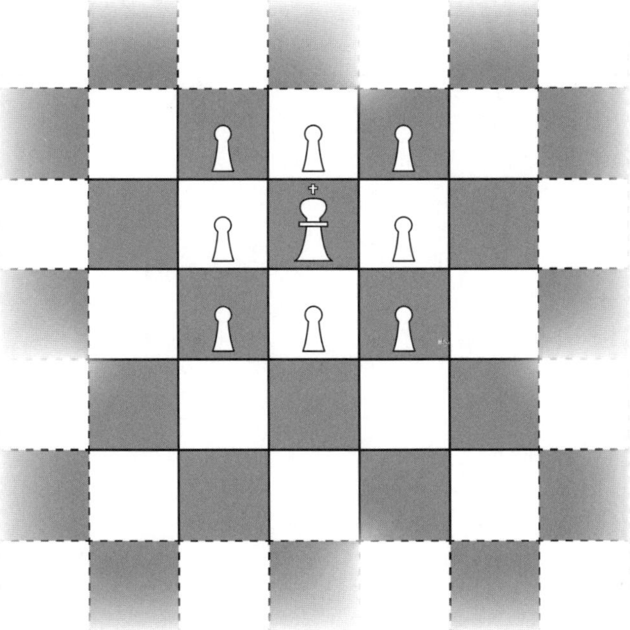

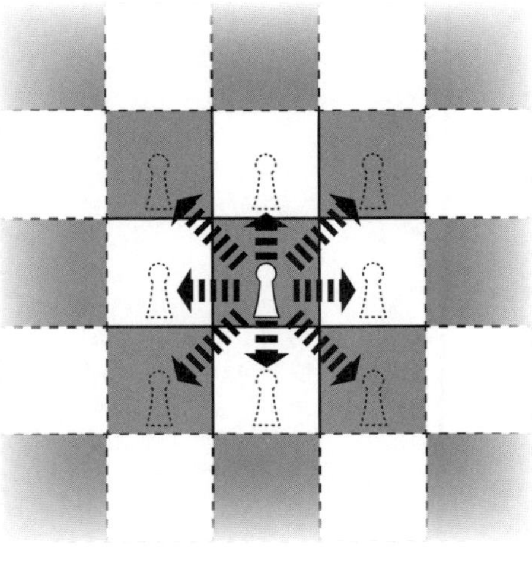

Der eigene Bauer kann pro Spielzug nur einen einzigen Schritt machen, und zwar in eine beliebige Richtung.

Er kann jedoch nie ein Feld besetzen, durch das ein Strahl geht.

Hingegen kann er diagonale Strahlen schneiden, wenn er dabei kein von einem Strahl besetztes Feld benutzt.

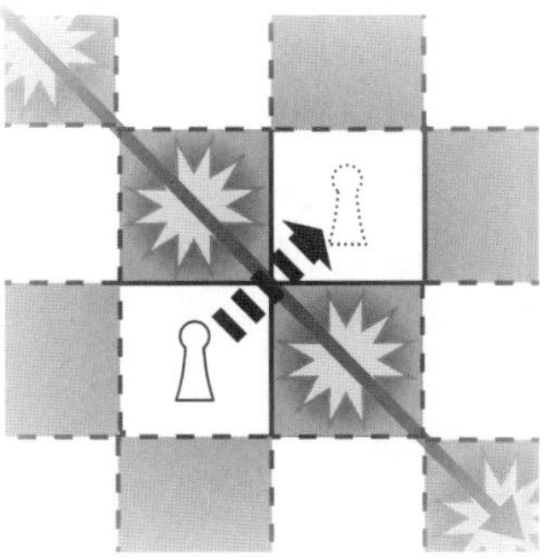

Spielregeln, Blatt II: Strahlen aussenden

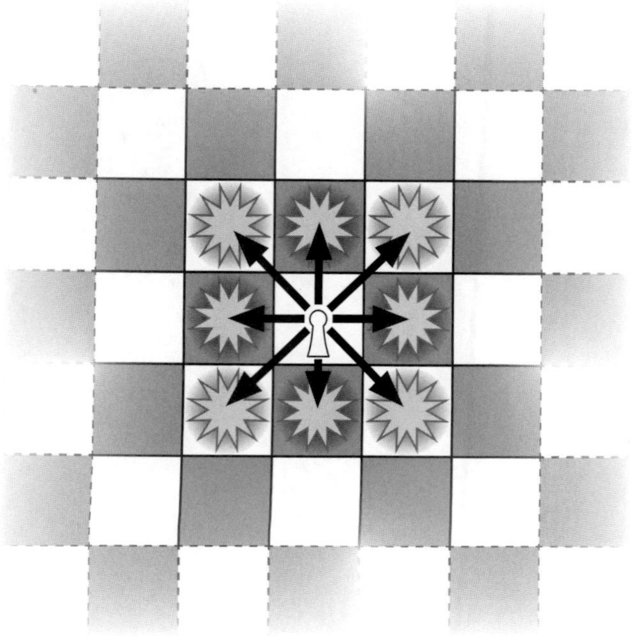

Der weisse Bauer sendet Strahlen in alle direkt benachbarten Felder.

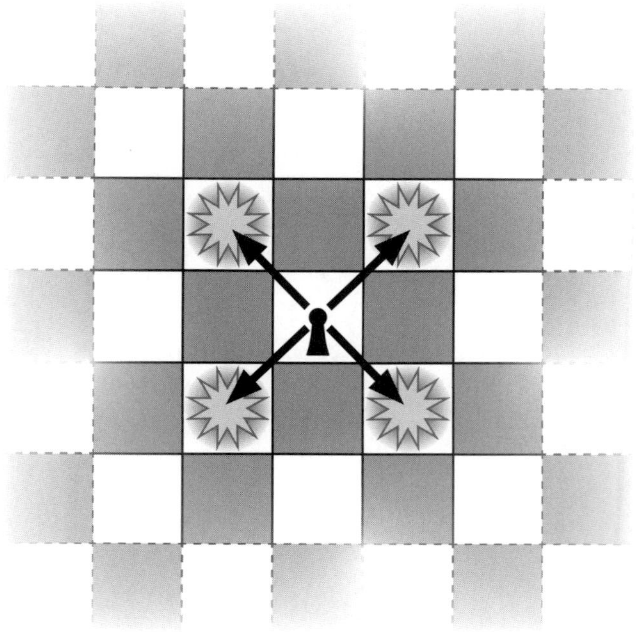

Der schwarze Bauer sendet diagonale Strahlen in die direkt benachbarten Felder mit gleicher Farbe wie das Positionsfeld.

Der Turm sendet horizontale und vertikale Strahlen bis zum Ende des Spielfeldes aus.

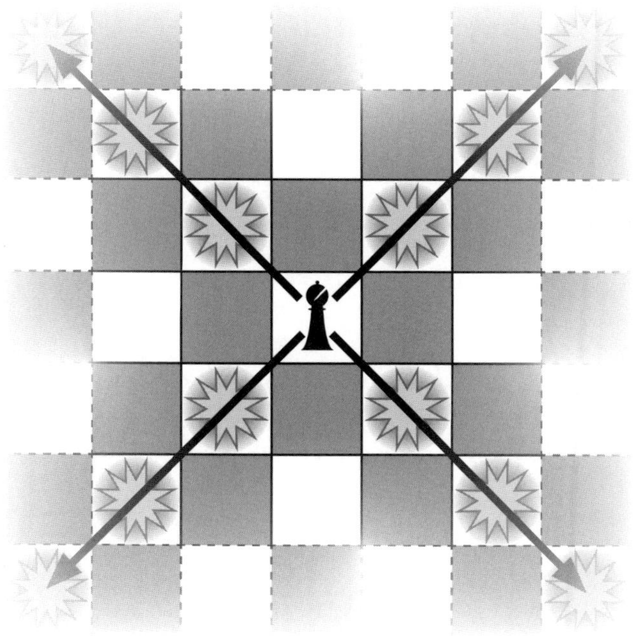

Der Läufer sendet diagonale Strahlen bis zum Ende des Spielfeldes aus.

Spielregeln, Blatt III: Wirkung der Strahlen

Ein Feld, das von einem Strahl durchquert wird, kann vom weissen Bauern nicht besetzt werden.

Dringt ein Strahl des weissen Bauern in ein Feld, das von einer schwarzen Figur besetzt ist, so scheidet diese aus dem Spiel aus.

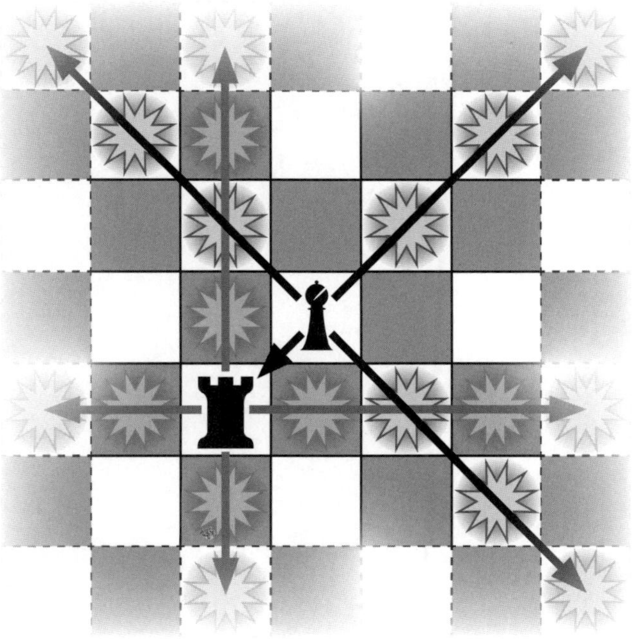

Die Strahlen können andere Figuren nicht durchdringen. Auch können sie Figuren der gleichen Farbe nichts anhaben.

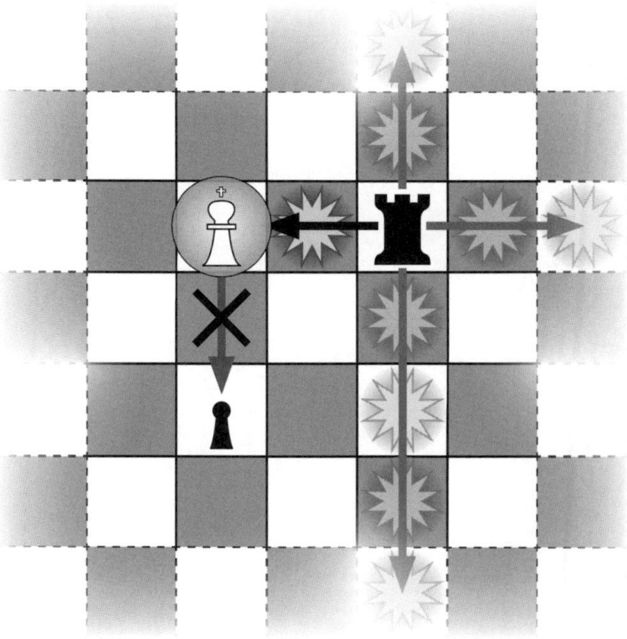

Der König ist unempfindlich gegen Strahlen und sendet selber keine solchen aus.

König C8 – I

Suchen Sie den Weg, der am wenigsten Schritte benötigt, um von Ihrem Ausgangsfeld in der ersten Reihe auf ein direkt an den König angrenzendes Feld zu gelangen, und zwar ohne von den Strahlen einer schwarzen Figur getroffen zu werden. Formulieren Sie eine Regel, die Ihnen erlaubt, auf einfache Art zu beweisen, dass Sie den kürzesten Weg gewählt haben. Vergleichen Sie dazu die Anzahl benötigter Schritte für einen vertikalen und einen diagonalen Weg, zum Beispiel den Weg von E1 zu E3 mit dem Weg von C1 zu E3. Diese Anweisung gilt für alle nachfolgenden Spiele.

Frage, die Sie vor Bearbeitung der Aufgabe mündlich beantworten sollen:

Wie schätzen Sie den Schwierigkeitsgrad dieser Aufgabe ein?

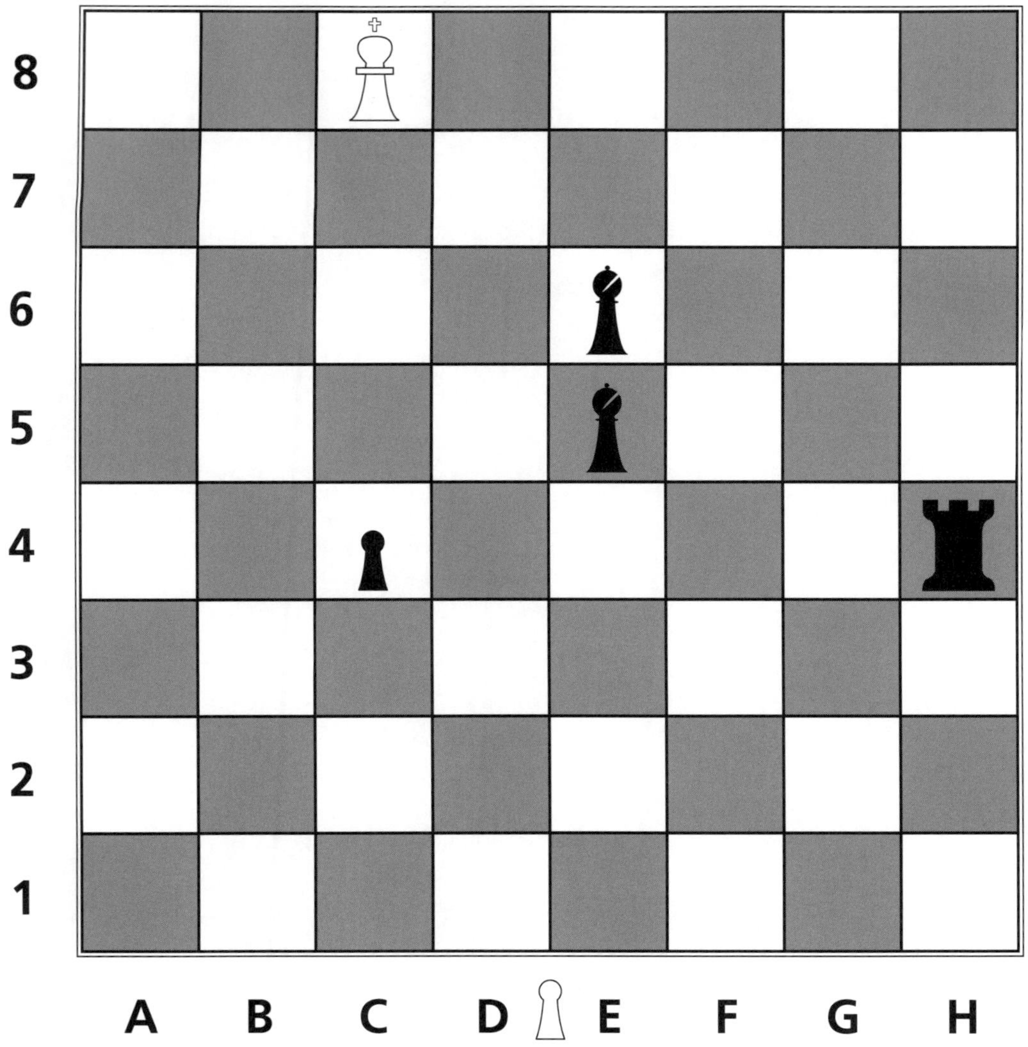

Die strategischen Spiele verfolgen zwei Hauptziele: 1. Sie sollen sich daran gewöhnen, externe Gedächtnisse zu schaffen. Diese entlasten unser Kurzzeitgedächtnis und erhöhen damit die Aufmerksamkeit. 2. Sie sollen sich daran gewöhnen, die metakognitiven Strategien regelmässig anzuwenden. **Die wichtigsten metakognitiven Strategien sind: a) vorhersehen (auch Antizipation genannt); b) planen vor ausführen; c) kontrollieren vor, während und nach der Bearbeitung der Aufgabe.**

Frage, die Sie nach Bearbeitung der Aufgabe mündlich beantworten sollen:

Haben Sie die Strahlen der schwarzen Figuren im Kopf behalten oder haben Sie sich ein externes Gedächtnis geschaffen? Auf welche Art?

König D8

Antizipieren heisst Ziele, Möglichkeiten, aber auch mögliche Gefahren vorhersehen. Das können Sie, wenn Sie Ihre Impulsivität im Zaune halten. Also nicht der erstbesten Idee folgen und unüberlegt den Weg einzeichnen. Studieren Sie zuerst die Wirkung der Strahlen jeder Figur und überlegen Sie im Kopf Ihre geplanten Aktionen, bevor Sie sie ausführen (man nennt das Repräsentation).

Frage, die Sie vor Bearbeitung der Aufgabe mündlich beantworten sollen:
Gibt es bei dieser Aufgabe eine Situation, bei der Sie bereits eine Gefahr vorhersehen?

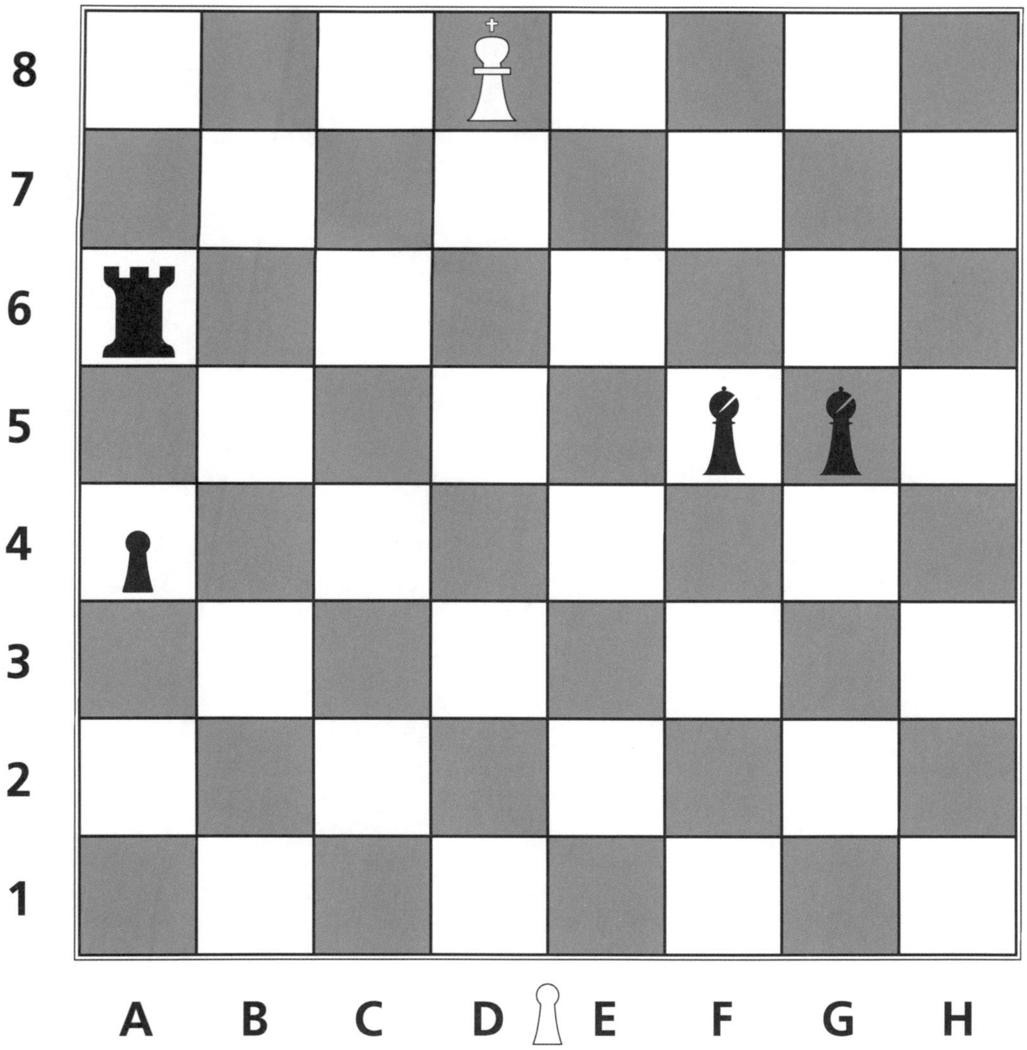

Häufig ist es auch sinnvoll, bestimmte standardisierte Zeichen zu schaffen. Sie können zum Beispiel die Strahlen der schwarzen Figuren mit Bleistift einzeichnen (weil Sie sie vielleicht nach Eliminierung einer schwarzen Figur wieder ausradieren wollen). Ihren Weg zeichnen Sie dann vielleicht in blau, sodass Sie Strahlen und Weg spontan unterscheiden können. Das Startfeld können Sie durch einen Kreis markieren, während Sie die möglichen Zielfelder durch ein Kreuz sichtbar machen. Eliminierte Figuren und deren Strahlen streichen Sie durch.

Frage, die Sie nach Bearbeitung der Aufgabe mündlich beantworten sollen:
Gibt es in der Schule oder im Betrieb Situationen oder Aufgaben, bei denen Sie mit selbst gewählten oder standardisierten Symbolen arbeiten? Geben Sie zwei Beispiele.

König C8 – II

In der letzten Aufgabe haben wir den Begriff der möglichen Zielfelder eingeführt. Das sind diejenigen Felder, die das Feld des Königs berühren. Wenn Sie diese Felder von Anfang an markieren, verwenden Sie eine gute Strategie der Antizipation (das Ziel bestimmen). Sie können dann eine Rückwärts-Strategie anwenden, indem Sie sich fragen, welche Figuren auf alle Fälle eliminiert werden müssen, damit Sie in ein Zielfeld gelangen können.

Frage, die Sie vor Bearbeitung der Aufgabe mündlich beantworten sollen:

Welche Figur muss hier auf alle Fälle eliminiert werden, um in ein Zielfeld zu gelangen?

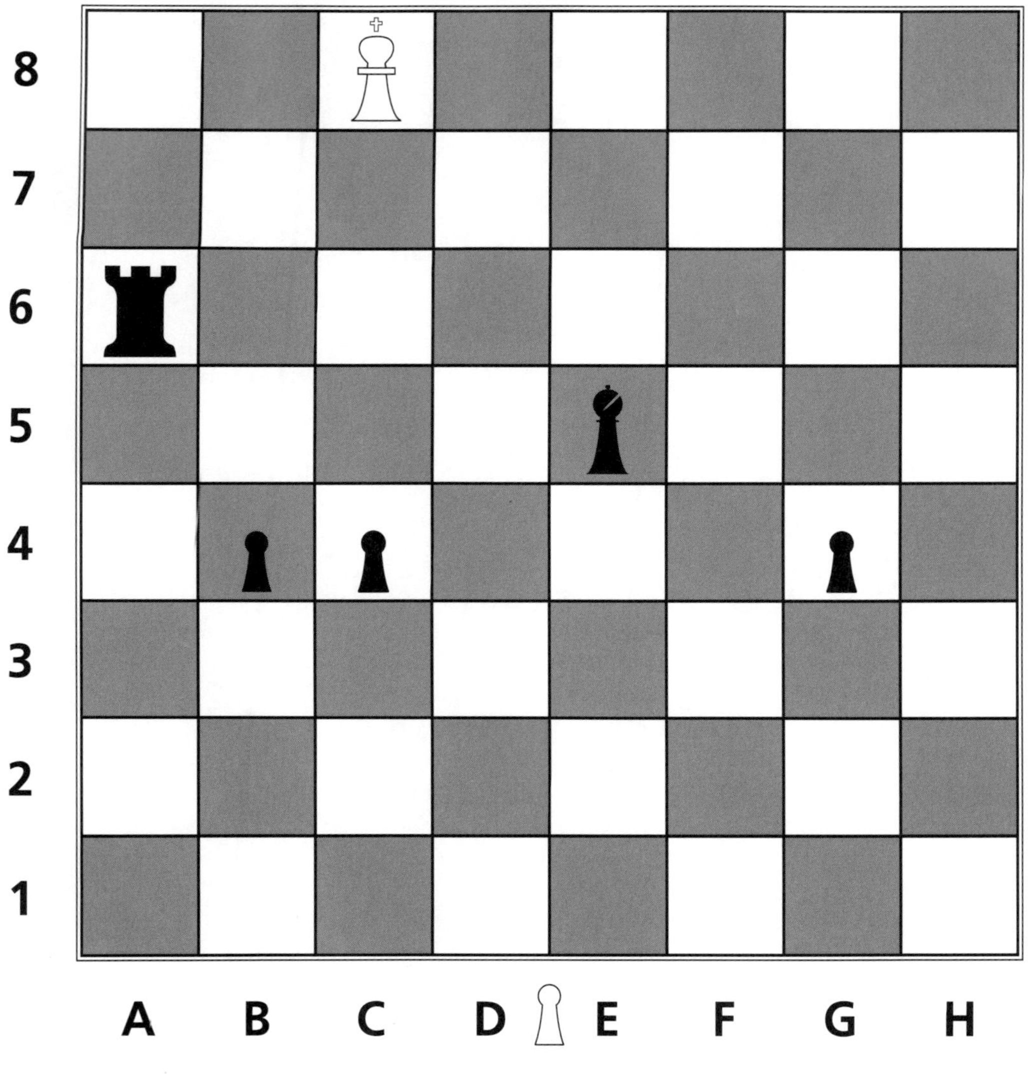

Häufig denkt man, der direkte Weg sei der einfachste. Das ist aber nicht immer der Fall. In dieser Aufgabe wäre es unmöglich, den Turm A6 direkt anzugreifen. Er ist von parallelen Strahlen der Bauern B4 und C4 geschützt. Diese wiederum sind vom Läufer E5 geschützt. Das bedeutet: Turm muss weg → dazu muss Bauer C4 weg → dazu muss Läufer weg. Diese Strategie nennen wir eine **Rückwärts-Strategie oder eine Strategie vom Ziel zur Ausgangslage.** Der antizipierte Weg vom Ziel zur Ausgangslage zeigt Ihnen auf, dass Sie zuerst den ungeschützten Läufer angreifen müssen.

Frage, die Sie nach Bearbeitung der Aufgabe mündlich beantworten sollen:

Gibt es in der Schule oder im Betrieb Situationen oder Aufgaben, in denen Sie das Ziel sehr konkret bestimmen müssen, bevor Sie mit der Arbeit beginnen? Geben Sie zwei Beispiele.

König F5

Diese Aufgabe sieht auf den ersten Anblick fast unlösbar aus, da der König von vier Türmen umgeben ist. Eine wahre Festung. Aber auch die bestgebaute Festung lässt sich knacken, wenn wir die Lage **mit kühlem Kopf analysieren, anstatt uns von Gefühlen der Hilflosigkeit überwältigen zu lassen.**

Frage, die Sie vor Bearbeitung der Aufgabe mündlich beantworten sollen:

In der letzten Aufgabe haben wir gesehen, dass Türme unüberwindbare Hindernisse darstellen. Welches ist angesichts dieser Erfahrung Ihre erste strategische Überlegung?

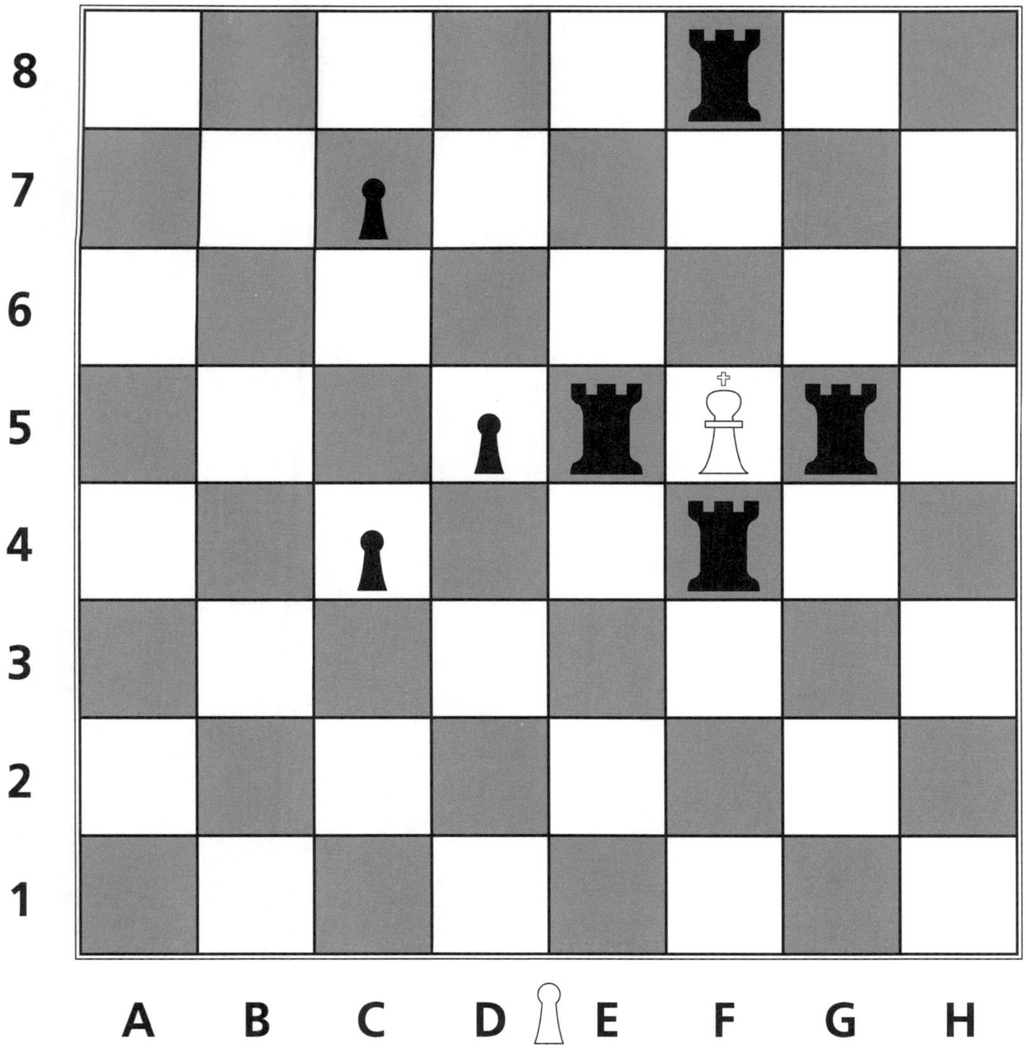

Unsere Analyse hat gezeigt, dass auch vier Türme nicht unüberwindbar sind, wenn einer davon (E5) ungeschützt bleibt. Diese Aufgabe zeigt die Vorteile einer gründlichen Planung auf. **Jede Planung beginnt mit der Beschreibung der Situation:** 1. Der Start von H1 bis D1 aus ist sinnlos wegen der Barriere, die der Turm F4 darstellt. 2. Die erste ungeschützte Figur ist der Bauer C4. Aber wir haben gelernt zu antizipieren.

Frage, die Sie nach Bearbeitung der Aufgabe mündlich beantworten sollen:

Haben Sie spontan gesehen, dass die Bauern C4 und D5 Ihre grosse Chance darstellen? Begründen Sie diese Behauptung.

König A8 – I

Diese Aufgabe verlangt sehr viel Antizipation. Die erste Idee ist vielleicht, von D6 aus den Turm E7 zu eliminieren. Das sieht verlockend aus, aber wir antizipieren, dass danach der Weg zu einem Zielfeld von den Figuren A7, B8, C8 und E8 versperrt bleibt, die einander gegenseitig schützen.

Frage, die Sie vor Bearbeitung der Aufgabe mündlich beantworten sollen:

Welches ist nun angesichts dieser Antizipation Ihr neuer Angriffsplan?

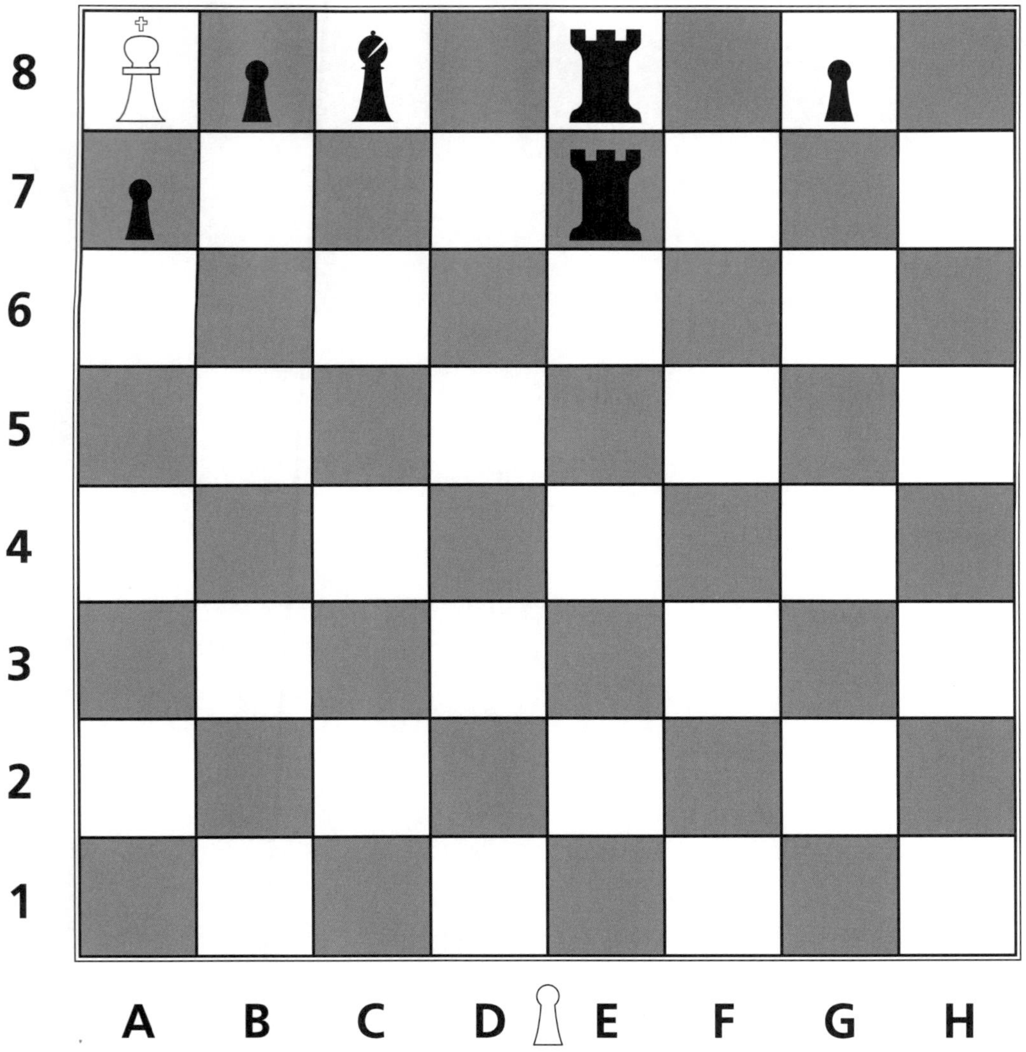

In dieser Aufgabe mussten alle schwarzen Figuren eliminiert werden, um zum Ziel zu gelangen (Die Bauern A7 und B8 sind dabei unschuldige Opfer). In der Aufgabe «D8» haben wir gelernt, Symbole einzuführen. Diese Strategie können wir hier erweitern, um etwas mehr Übersicht zu schaffen. Es lohnt sich zum Beispiel, die geplanten Etappen zuerst durch einen nummerierten Punkt zu markieren (1 für F4 oder G3; 2 für G5 oder H4; 3 für F6; 4 für G7 ...). Es kann auch sinnvoll sein, die eliminierten Figuren und deren Strahlen durchzustreichen.

Frage, die Sie nach Bearbeitung der Aufgabe mündlich beantworten sollen:

Haben Sie in der Schule oder im Betrieb schon Aufgaben angetroffen, bei denen Sie die geplante Ausführung zuerst durch Punkte oder feine Linien skizzierten, die Sie nach Ausführung der Aufgabe oft wieder löschen konnten? Nennen Sie ein Beispiel.

König D4

Diese Aufgabe ist sehr verzwickt. Wenn Sie sich in den vorherigen Aufgaben angewöhnt haben, zu antizipieren und zu planen, dann werden Sie auch diese Aufgabe schaffen. Hier lohnt es sich allerdings, auch die potenziellen Strahlen einzuzeichnen (zum Beispiel durch unterbrochene Linien). Potenzielle Strahlen sind solche, die nur wirksam werden, wenn Sie eine Figur, die den Strahl gestoppt hat, eliminieren.

Frage, die Sie vor Bearbeitung der Aufgabe mündlich beantworten sollen:
Wie viele potenzielle Strahlen müssen Sie einzeichnen?

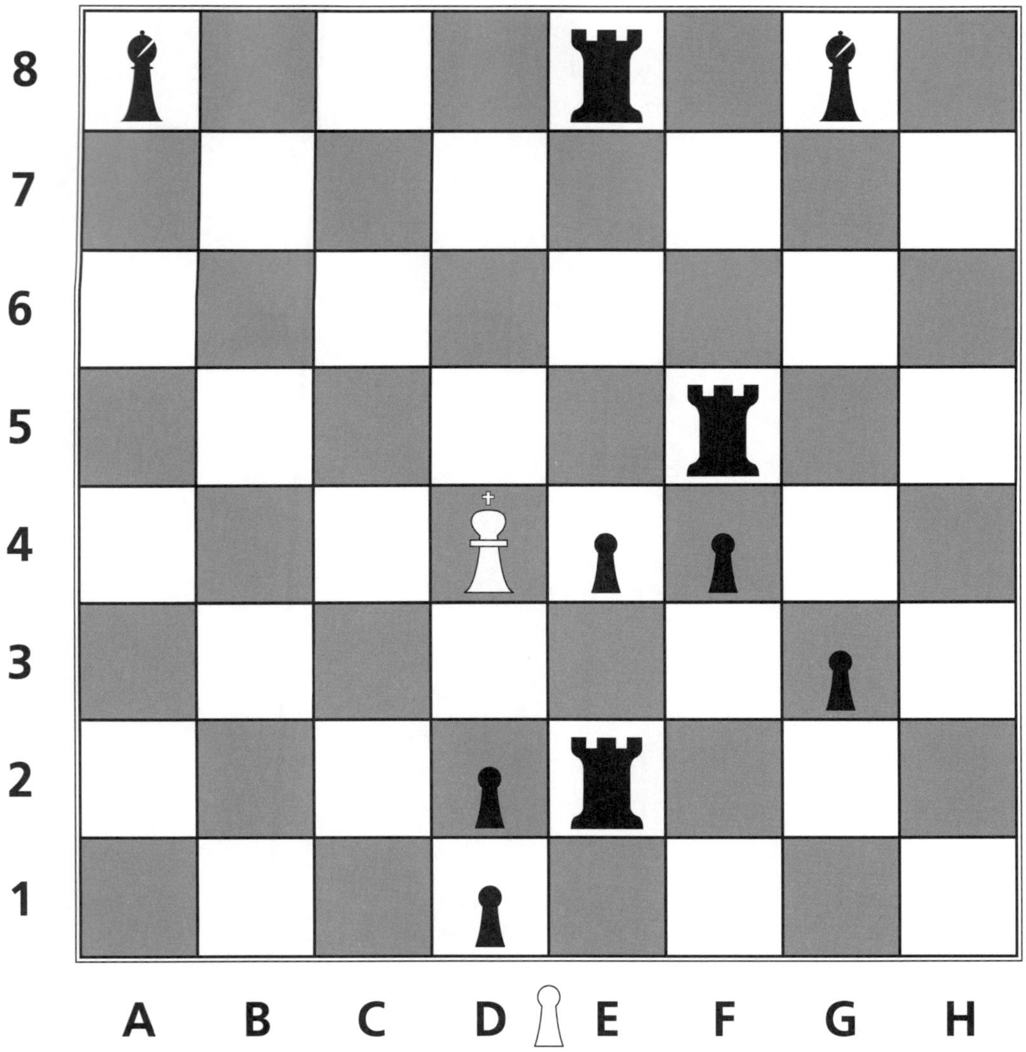

Sie haben bereits in den Aufgaben «D8» und «A8 – I» gelernt, Symbole zu verwenden. In dieser Aufgabe lohnt es sich, die einzelnen Etappen zu nummerieren. Um die Übersicht nicht zu verlieren, ist es hier auch sehr ratsam, die Strahlen der eliminierten Figuren auszuradieren oder mit einer Wellenlinie durchzustreichen. Sie haben sicher bereits in den vorherigen Aufgaben gemerkt, dass Sie oft zwischen mehreren Etappen wählen können. Hier konnten Sie zum Beispiel von F7 entweder auf E6 oder auf F6 gehen, um ins Zielfeld E5 zu gelangen.

Frage, die Sie nach Bearbeitung der Aufgabe mündlich beantworten sollen:
Gibt es in der Schule oder im Betrieb Aufgaben oder Situationen, bei denen Sie die einzelnen Etappen nummerieren? Nennen Sie ein Beispiel.

König E1

Der König ist von zwei Türmen vertikal geschützt. Einen der beiden Türme müssen wir liquidieren. Das bedeutet, dass wir nur eine Seite des Spielfeldes bearbeiten müssen: entweder die rechte oder die linke. Obwohl die rechte Seite verlockend einfach aussieht, sehen wir schnell, dass wir dort keinen Zugang haben, weil die Felder G3 und H3 von Strahlen besetzt sind.

Frage, die Sie vor Bearbeitung der Aufgabe mündlich beantworten sollen:

Erinnern Sie sich an eine Situation in der Schule oder im Betrieb, wo Sie eine scheinbar einfache Lösung nach genauerem Hinsehen verwerfen mussten?

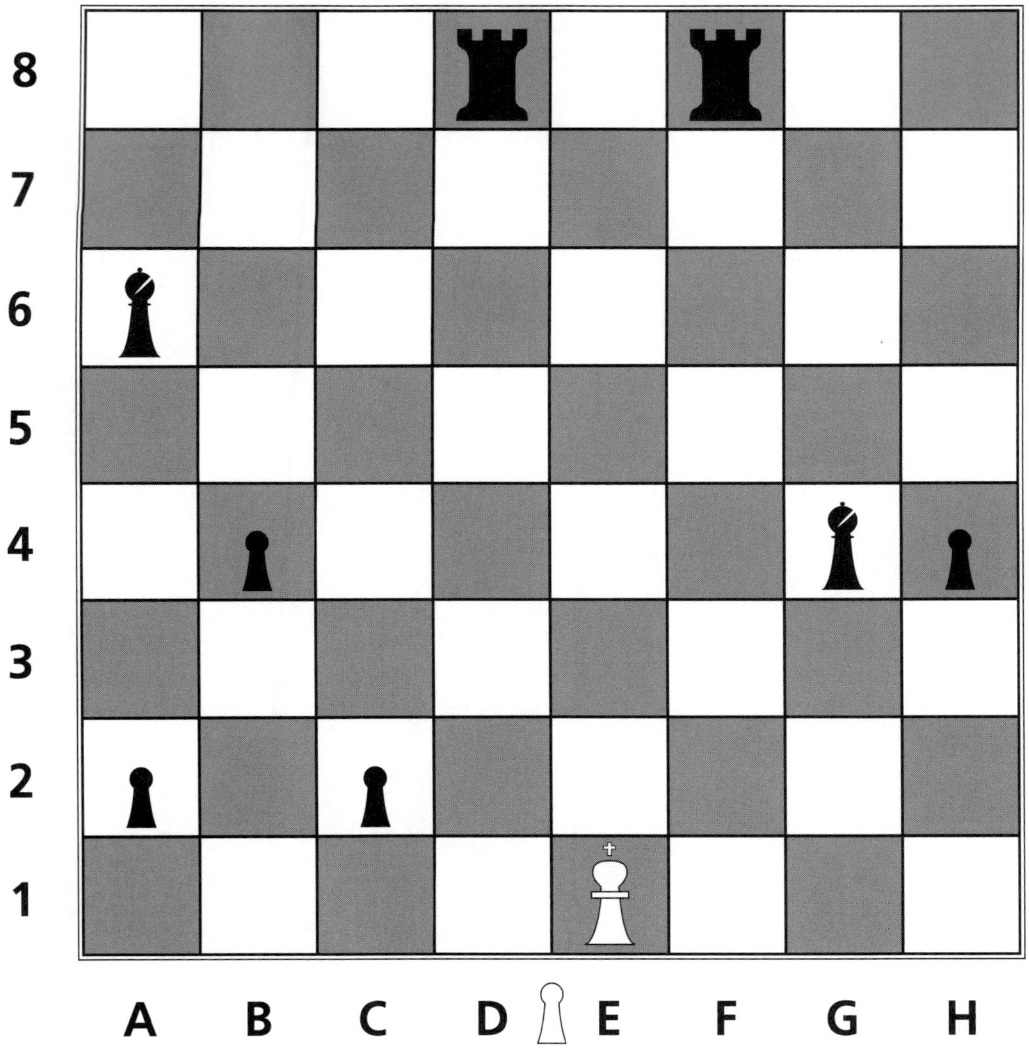

Wir haben schon bei mehreren Aufgaben die Rückwärtsstrategie angewendet, d.h. wir haben zuerst die möglichen Zielfelder bestimmt. Diese Strategie ist besonders dann angezeigt, wenn der König von Türmen beschützt ist. Nachdem wir einen Angriff von rechts verworfen haben, bleiben als realistische Zielfelder nur noch D2 und E2. D2 bietet sich als das einfachere Zielfeld an, da wir für E2 zuerst noch den Läufer G4 liquidieren müssten. Dieser ist aber durch den Turm F8 geschützt.

Frage, die Sie nach Bearbeitung der Aufgabe mündlich beantworten sollen:

Sowohl beim Weg von unten nach oben als auch beim Rückweg konnten Sie zwischen mehreren Alternativen wählen. Wie viele unterschiedliche Lösungen haben Sie gefunden?

König G4

Wenn wir bei dieser Aufgabe die Rückwärtsstrategie anwenden, so stellen wir fest, dass H4 und H5 die einzigen unbesetzten Zielfelder sind. Als Startfeld bleibt nur A1. Die einzigen Strahlen, die uns vom Zielfeld trennen, sind diejenigen, die vom Läufer D2 diagonal nach oben gehen, sowie derjenige, der vom Läufer C8 gegen das Feld des Königs geht. Alle drei Strahlen lassen sich aber schneiden, wenn wir den folgenden Weg nehmen: A1 → A4 → B5 → E5 → F6 → G6 → H5. Allerdings zählt dieser Weg 10 Schritte. In dieser Aufgabe gibt es einen Weg mit nur 9 Schritten. Suchen Sie ihn.

Frage, die Sie vor Bearbeitung der Aufgabe mündlich beantworten sollen:

Verglichen mit den Aufgaben «D4» und «E1», denken Sie, dass diese Aufgabe schwieriger oder leichter sein wird? Warum?

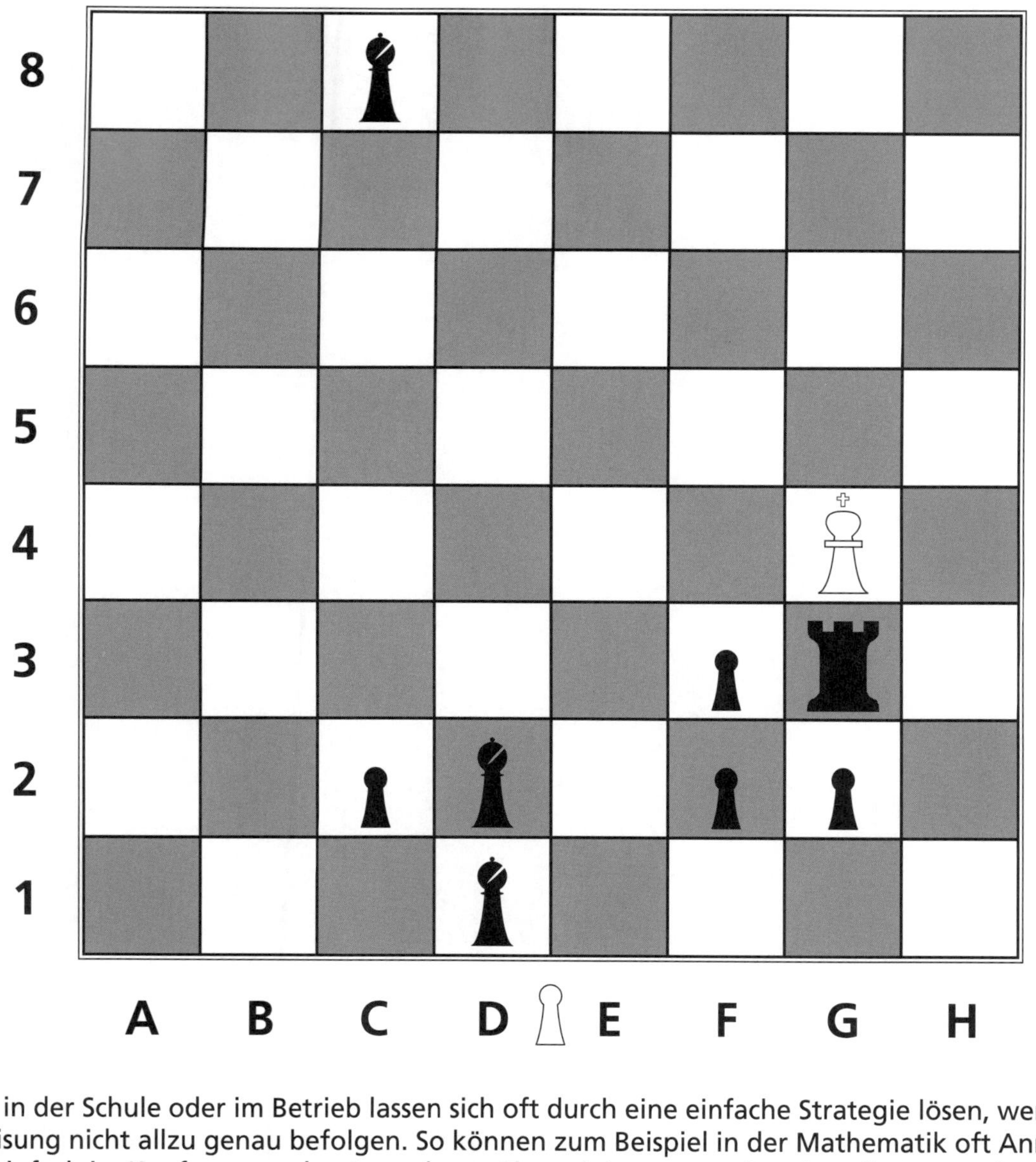

Probleme in der Schule oder im Betrieb lassen sich oft durch eine einfache Strategie lösen, wenn wir die Anweisung nicht allzu genau befolgen. So können zum Beispiel in der Mathematik oft Annäherungen sehr einfach im Kopf ausgerechnet werden, während das genaue Resultat die Anwendung komplizierter Berechnungen erfordert. Oder bei der Renovation von Wohnungen und Häusern lassen sich kleine Beschädigungen (zum Beispiel des Mauerwerks oder von bemalten Flächen) punktuell mit wenig Aufwand ausbessern, wenn wir leichte Unterschiede des Verputzes oder des Farbtons akzeptieren.

Frage, die Sie nach Bearbeitung der Aufgabe mündlich beantworten sollen:

In welchen Fällen ist es nötig, die Anweisungen wörtlich zu befolgen und in welchen Fällen sind kleine Veränderungen sinnvoll und erlaubt? Geben Sie ein Beispiel für jeden der beiden möglichen Fälle.

König A1

Eine Analyse der ersten Linie zeigt drei wichtige Dinge auf: Erstens ist der König auf A1 vom Turm B8 geschützt. Dieser muss auf alle Fälle eliminiert werden. Zweitens ist die einzige ungeschützte Figur der Bauer G2. Und drittens ist das Startfeld G1 vom zu eliminierenden Turm B8 durch den zweiten Turm F6 getrennt. Das lässt einen langen und beschwerlichen Weg ahnen. Versuchen Sie trotzdem, alle Umwege zu vermeiden, um mit den wenigsten Schritten ins Zielfeld zu gelangen.

Frage, die Sie vor Bearbeitung der Aufgabe mündlich beantworten sollen:

Warum lohnt es sich, den Schwierigkeitsgrad einer Aufgabe vor deren Bearbeitung einzuschätzen? Nennen Sie zwei Gründe.

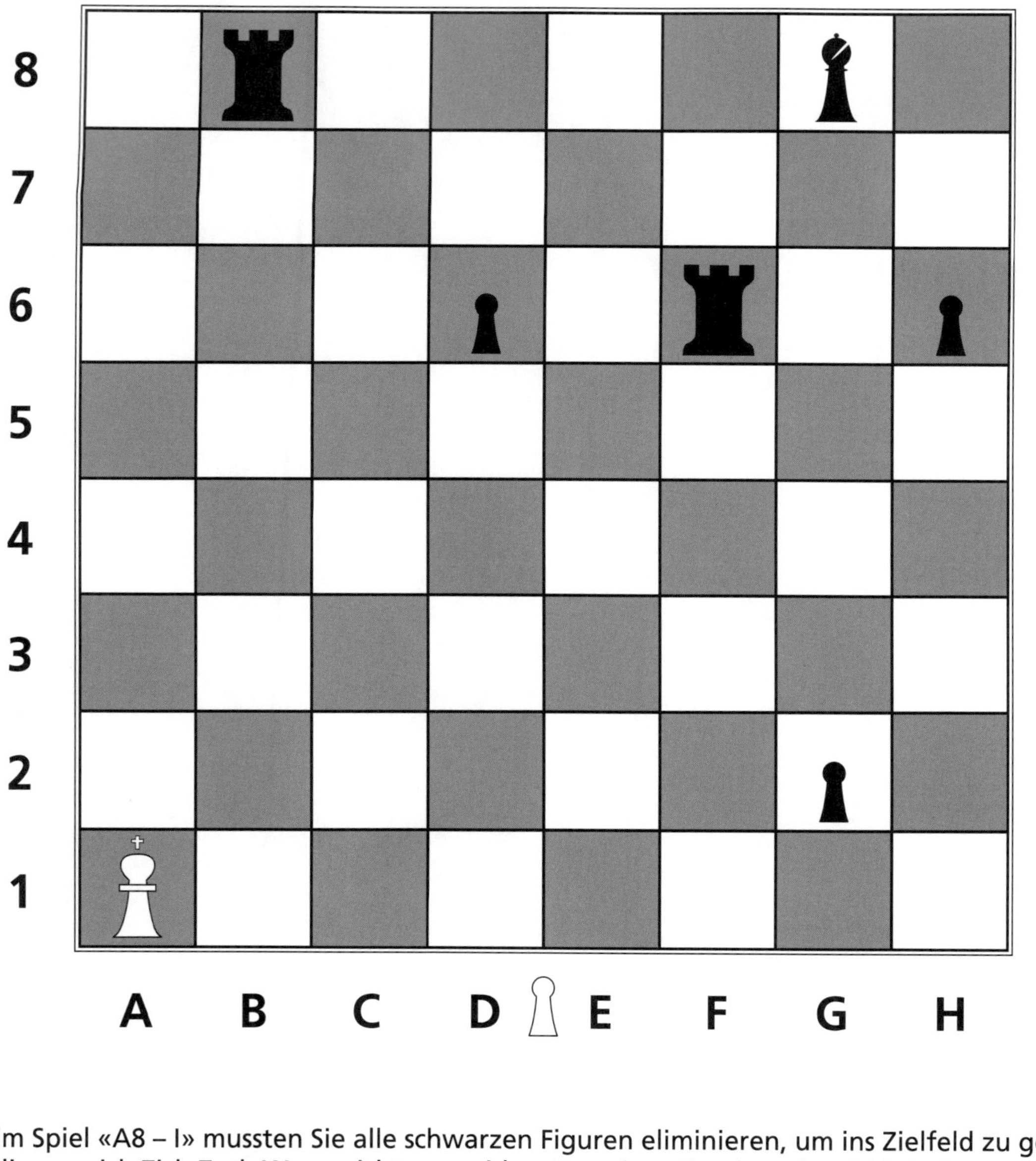

Wie schon im Spiel «A8 – I» mussten Sie alle schwarzen Figuren eliminieren, um ins Zielfeld zu gelangen. Dabei liessen sich Zick-Zack-Wege nicht vermeiden. Beweisen Sie, dass Sie wirklich den Weg mit den wenigsten Schritten gefunden haben.

Frage, die Sie nach Bearbeitung der Aufgabe mündlich beantworten sollen:

Gibt es in der Schule oder im Betrieb Situationen, in denen Sie allgemeine Regeln anwenden, um die Richtigkeit Ihrer Lösung zu kontrollieren? Nennen Sie ein Beispiel.

König A8 – II

Einmal mehr haben wir ein Spiel, das einen aufwendigen Umweg verlangt, um zum Zielfeld zu gelangen. In der Zwischenzeit haben wir so viel Übung, dass wir auf den ersten Blick die durch den Turm H7 bedingte Barriere erkennen. Nur eben, eine direkte Attacke des Turmes wird durch den Strahl des Läufers B1 verunmöglicht.

Frage, die Sie vor Bearbeitung der Aufgabe mündlich beantworten sollen: *Bei Problemen in der Schule oder im Betrieb erkennen wir häufig auf den ersten Blick, wo das Haupthindernis liegt. Leider lässt sich dieses Hindernis oft nur mit grossem Aufwand aus der Welt schaffen. Nennen Sie zwei Beispiele.*

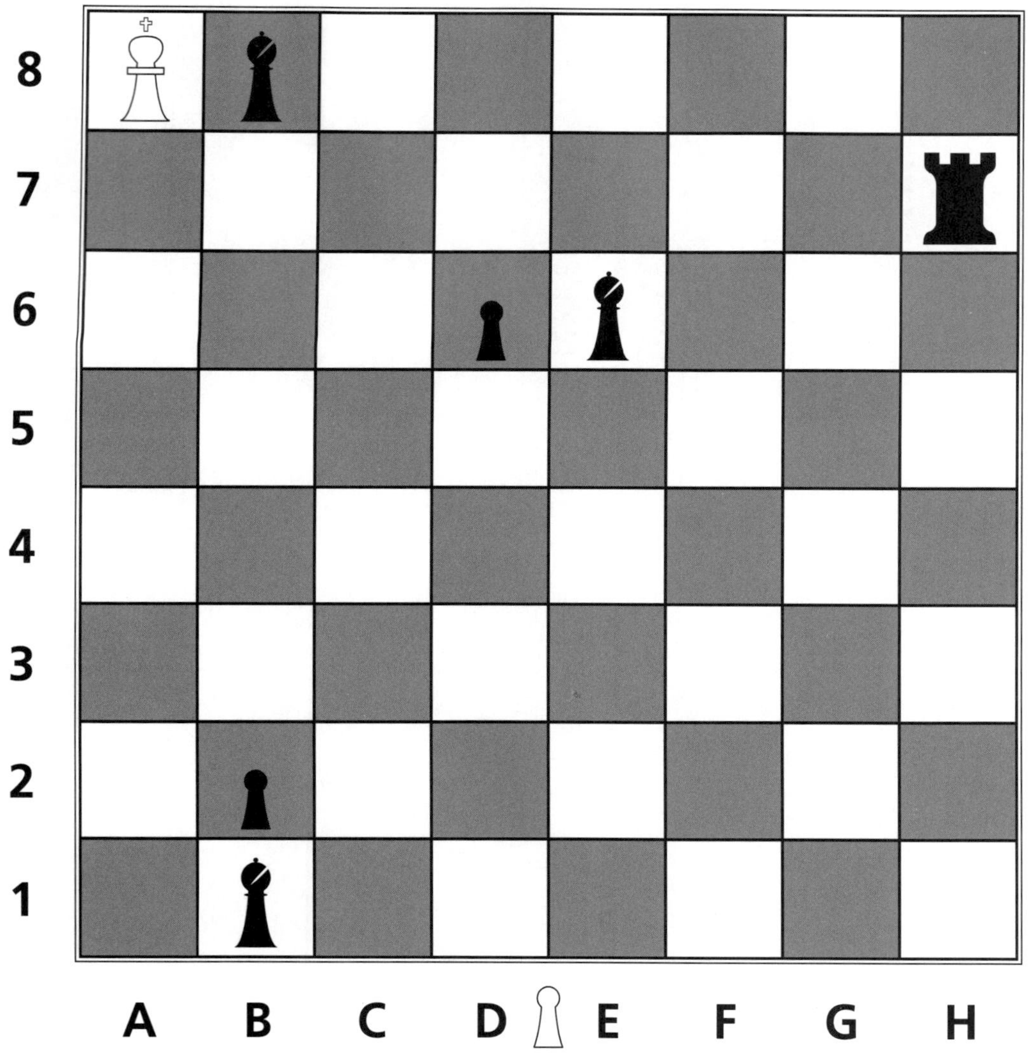

Mehrere der *strategischen Spiele* haben sich als recht komplex erwiesen. Trotzdem haben Sie in den meisten Fällen oder sogar jedes Mal die Lösung gefunden. In diesen Übungen haben Sie die Erfahrung gemacht, **dass wir häufig unsere Kompetenzen unterschätzen.** Unser Kompetenzgefühl ist oft etwas angeschlagen. Das kann verschiedene Ursachen haben. Vielleicht haben Sie in der Schule in einem (zum Beispiel in Mathematik) oder in mehreren Fächern häufig Misserfolgserlebnisse gehabt. Den Misserfolg zum Beispiel in Mathematik haben Sie dann verallgemeinert. Solche Verallgemeinerungen führen meistens zu Problemen mit der Motivation.

Frage, die Sie nach Bearbeitung der Aufgabe mündlich beantworten sollen: *Haben Sie mit den* Strategischen Spielen *die Erfahrung gemacht,* ***dass Sie begabter sind als Sie glaubten?*** *Was genau hat Ihnen zum Erfolg verholfen? Haben Sie besonders gut antizipiert, geplant und kontrolliert? Haben Sie davon profitiert, dass die eingezeichneten Strahlen die Belastung des Gedächtnisses stark vermindert haben? Wenden Sie diese Strategien auch in der Schule und im Betrieb an. Sie haben gesehen, es lohnt sich.*

Würfel der Gruppe 1 – Entgegengesetzte Fläche?

Der Modellwürfel zeigt vorne und oben eine graue Fläche. Links vom Modell sehen Sie denselben Würfel, aber diesmal abgewickelt. Stellen Sie sich vor, das Modell würde um 180° um seine vertikale Achse gedreht. Welche Fläche befände sich dann vorne? Wählen Sie unter den drei Antworten a–c und begründen Sie Ihre Wahl.

Fragen, die Sie vor Bearbeitung der Aufgabe mündlich beantworten sollen:

1. *Was ist der Unterschied zwischen einem normal gezeichneten und einem abgewickelten Würfel?*
2. *«Stellen Sie sich vor, das Modell würde um 180° um seine vertikale Achse gedreht». Wie können Sie diesen Satz einfacher ausdrücken?*

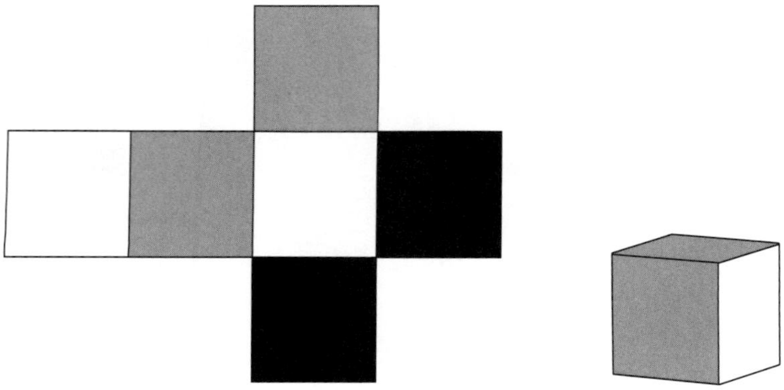

abgewickeltes Modell **Modell**

a) b) c)

Fragen, die Sie nach Bearbeitung der Aufgabe mündlich beantworten sollen:

1. *Haben Sie gemerkt, dass Sie zur Beantwortung der Frage gar keine innere Vorstellung des Würfels erzeugen müssen?*
2. *Am Modell sehen Sie, dass zwei Flächen grau sind. Wenn Sie das Modell mit dem abgewickelten Modell vergleichen, sehen Sie, dass die rechte und die linke Seite weiss sind. Welche Farbe bleibt dann noch für die andern zwei Flächen?*

Würfel der Gruppe 1 – Ganzer Würfel gleich?

Unter dem Modell und dem abgewickelten Modell sehen Sie sechs Würfel (a–f) in unterschiedlichen Positionen. Einige der Würfel sind absichtlich gefälscht. Entscheiden Sie für jeden der sechs Würfel, ob er dem Modellwürfel entspricht oder nicht. Begründen Sie Ihre Antwort schriftlich mit einigen Stichworten.

Fragen, die Sie vor Bearbeitung der Aufgabe mündlich beantworten sollen:

1. *Haben Sie bei der Beschreibung des Würfels gemerkt, dass gewisse Flächen sich in einer bestimmten Reihenfolge an den Kanten berühren und andere sich nicht berühren können?*
2. *Ihre Beobachtung erlaubt, mindestens drei Regeln über die Nachbarschaft von Flächen zu formulieren. Welche?*

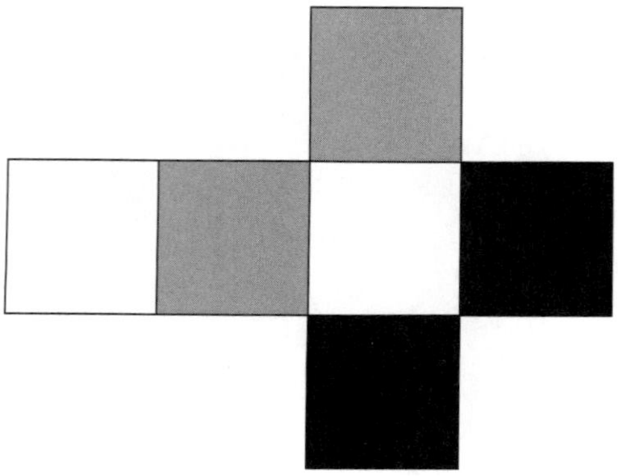

abgewickeltes Modell

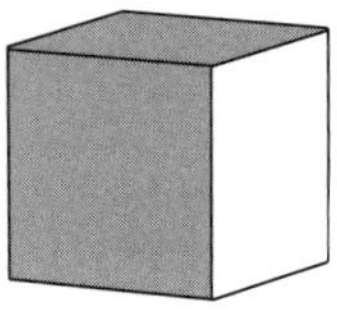

Modell

a) 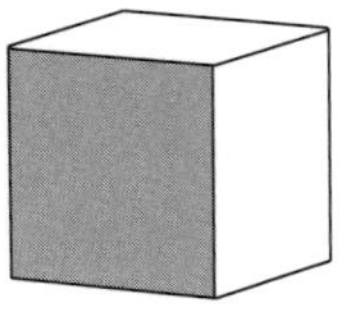

....
....
....
....

b) 

....
....
....
....

c) 

....
....
....
....

d) 

....
....
....
....

e) 

....
....
....
....

f) 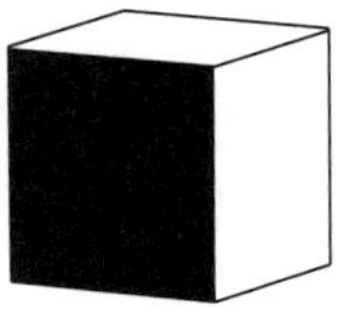

....
....
....
....

Würfel der Gruppe 1 – Abwicklungen gleich?

Neben und unter dem Modell sehen Sie fünf abgewickelte Würfel. Einige der Würfel sind absichtlich gefälscht. Entscheiden Sie für jeden der fünf abgewickelten Würfel, ob er dem Modellwürfel entspricht oder nicht. Begründen Sie Ihre Antwort mündlich.

Frage, die Sie vor Bearbeitung der Aufgabe mündlich beantworten sollen:

Haben Sie bemerkt, dass Sie die genau gleichen drei Regeln über die Nachbarschaft von Flächen benutzen können, die Sie in der zweiten Frage der letzten Aufgabe formuliert haben?

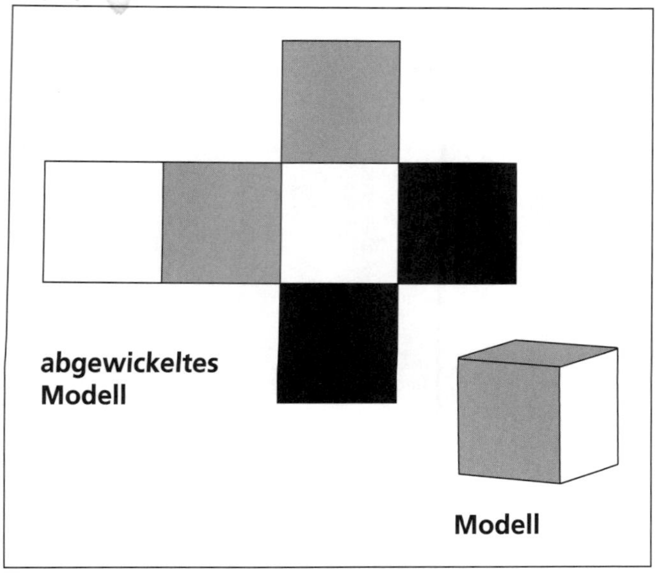

a)

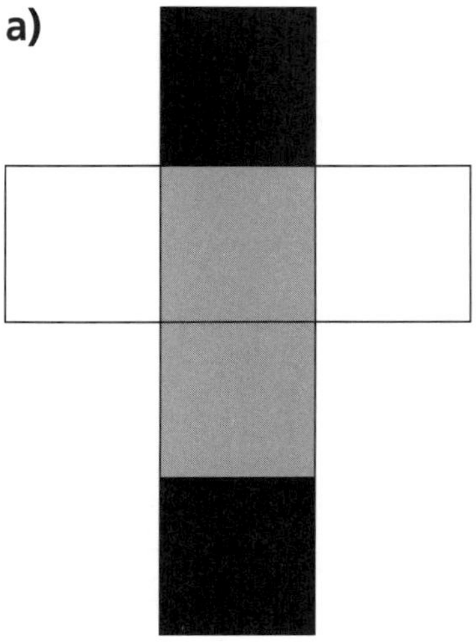

b)

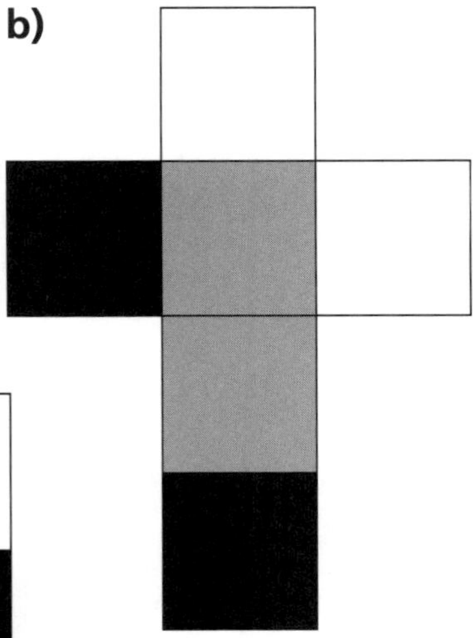

c)

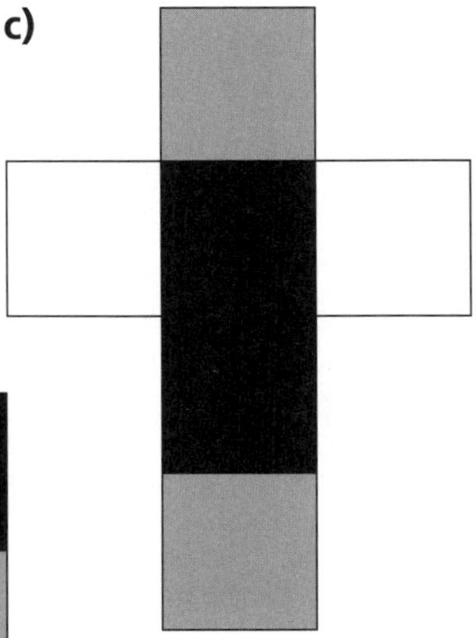

d)

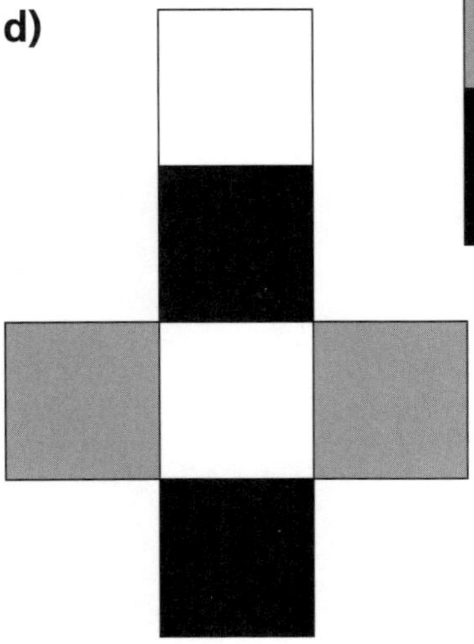

e)

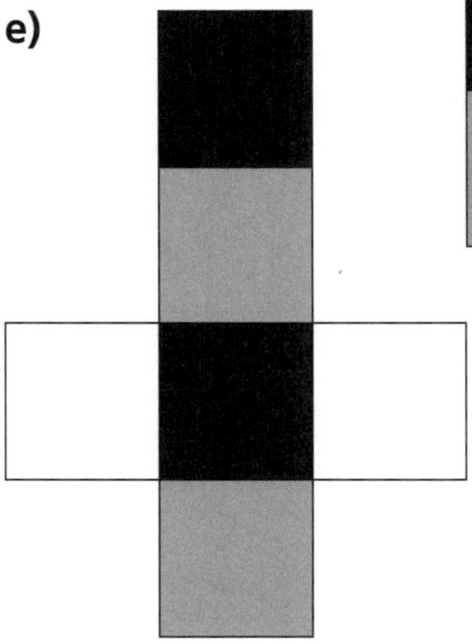

Frage, die Sie nach Bearbeitung der Aufgabe mündlich beantworten sollen:

*Haben Sie gemerkt, dass es sich bei der Gruppe 1 nicht um Aufgaben der inneren Vorstellung handelt, sondern um **Aufgaben der genauen Beschreibung und des schlussfolgernden Denkens?***

Würfel der Gruppe 2 – Entgegengesetzte Fläche?

Beantworten Sie dieselbe Frage wie bei der entsprechenden Aufgabe der Gruppe 1. Vergessen Sie die Fragen nicht, die Sie nach Bearbeitung der Aufgabe mündlich beantwortet haben. Wählen Sie unter den Antworten a–f.

Fragen, die Sie vor Bearbeitung der Aufgabe mündlich beantworten sollen:

1. *In der letzten Aufgabe haben Sie herausgefunden, dass weiss immer gegenüber weiss liegt. Wenn Sie hier das Modell mit dem abgewickelten Modell vergleichen, welche Fläche liegt gegenüber der schwarzen Fläche?*
2. *In früheren Serien (zum Beispiel bei den* strategischen Spielen*) haben Sie gelernt, dass es oft hilfreich ist, ein externes Gedächtnis zu schaffen. In dieser Aufgabe stellen Sie fest, dass die Figuren in einer festen Reihenfolge rund um die schwarze Fläche herum angeordnet sind oder um die Fläche mit dem X, wenn Sie den Würfel von der andern Seite her betrachten. Könnte hier ein externes Gedächtnis hilfreich sein?*

abgewickeltes Modell

Modell

a)  **b)**  **c)**  **d)** 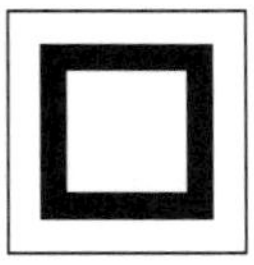 **e)**  **f)** 

Frage, die Sie nach Bearbeitung der Aufgabe mündlich beantworten sollen:

Haben Sie bemerkt, dass Sie die Figuren um die schwarze Fläche herum nummerieren können? Sie können zum Beispiel den schwarzen Kreis unten mit 1 bezeichnen, den schwarzen Ring links mit 2, das leere Rechteck oben mit 3 und das schwarz gefüllte Rechteck rechts mit 4. Damit entlasten Sie Ihr KZG durch ein externes Gedächtnis, was automatisch Ihre Aufmerksamkeit erhöht. Dies wird Ihnen auch in den zwei nachfolgenden Aufgaben dieser Gruppe hilfreich sein.

Würfel der Gruppe 2 – Ganzer Würfel gleich?

Genau gleich wie bei der entsprechenden Aufgabe der Gruppe 1, haben Sie ein normales und ein abgewickeltes Modell. Entscheiden Sie für jeden der sechs Würfel, ob er dem Modellwürfel entspricht oder nicht. Begründen Sie Ihre Antwort schriftlich mit einigen Stichworten.

Fragen, die Sie vor Bearbeitung der Aufgabe mündlich beantworten sollen:

1. *Haben Sie bemerkt, dass die in der letzten Aufgabe entdeckte Nummerierungs-Strategie hier nützlich ist?*
2. *Bei einigen Würfeln sehen Sie die schwarze Fläche, bei andern die Fläche mit dem Kreuz. Was hat dies für Konsequenzen für die Anwendung der Nummerierungs-Strategie?*

abgewickeltes Modell

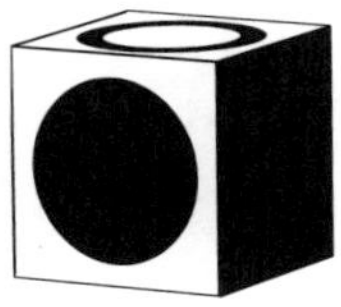

Modell

a) 

....

....

....

....

b) 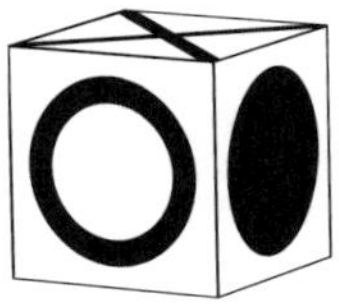

....

....

....

....

c) 

....

....

....

....

d) 

....

....

....

....

e) 

....

....

....

....

f) 

....

....

....

....

Würfel der Gruppe 2 – Abwicklungen gleich?

Sie haben die gleiche Ausgangslage wie bei der entsprechenden Aufgabe der Gruppe 1. Entscheiden Sie für jeden der fünf abgewickelten Würfel, ob er dem Modellwürfel entspricht oder nicht und begründen Sie Ihre Antwort mündlich. Sie können die gleiche Strategie anwenden wie bei der vorherigen Aufgabe. Manchmal lohnt es sich, die Figur so umzuzeichnen, dass Sie immer entweder die schwarze Fläche oder die Fläche mit dem Kreuz in der Mitte der vier andern Figuren haben. Auch das ist eine Form von externem Gedächtnis.

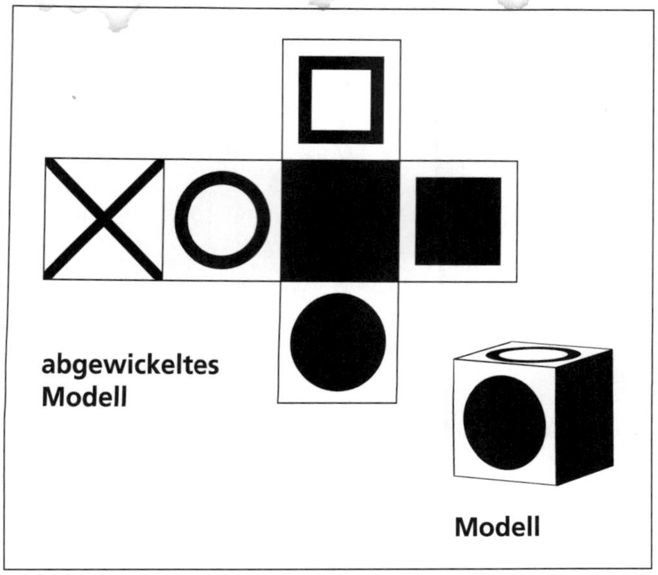

a)

b)

c)

d)

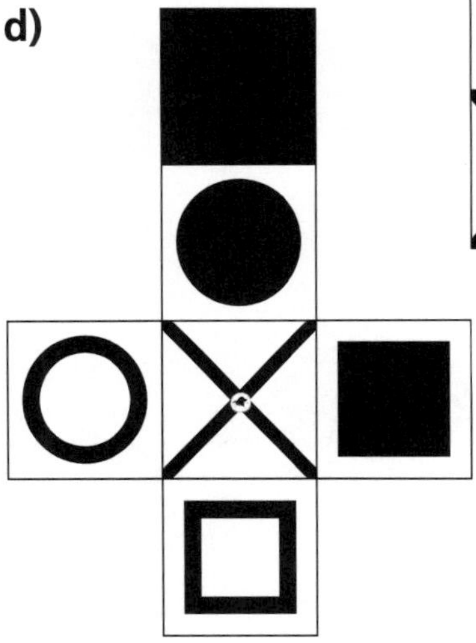

e)

Frage, die Sie nach Bearbeitung der Aufgabe mündlich beantworten sollen:

Ist es in Ihrem Schulalltag oder im Betrieb schon vorgekommen, dass Sie die Aufgabe etwas abändern mussten, um eine bestimmte Regel oder Prozedur anwenden zu können? Nennen Sie ein Beispiel.

Würfel der Gruppe 3 – Entgegengesetzte Fläche?

Beantworten Sie dieselbe Frage wie bei der entsprechenden Aufgabe der Gruppen 1 und 2. Wählen Sie unter den Antworten a–f.

Frage, die Sie vor Bearbeitung der Aufgabe mündlich beantworten sollen:

Hier arbeiten Sie zum ersten Mal mit Figuren, die eine bestimmte Richtung haben (die Zwei, die Drei und die Sechs). Demgegenüber sind die Eins, die Vier und die Fünf symmetrisch. Welche Konsequenzen hat diese Unterscheidung, wenn Sie den Würfel um 180° drehen oder beim Umzeichnen Flächen horizontal oder vertikal verschieben?

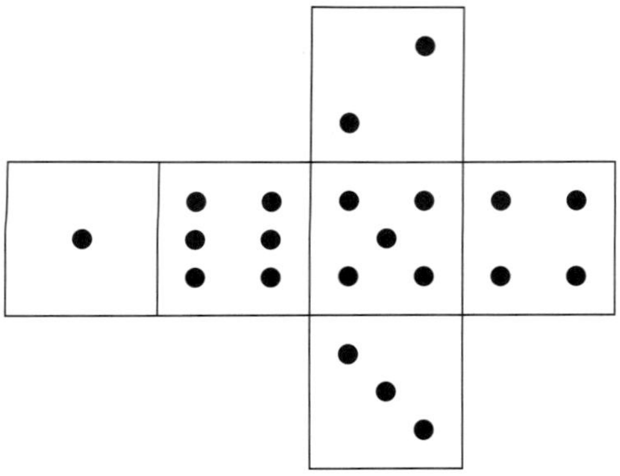

abgewickeltes Modell

Modell

a) 

b) 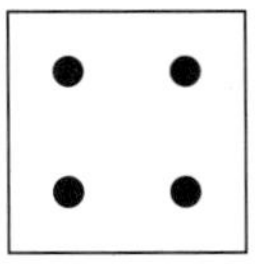

c) 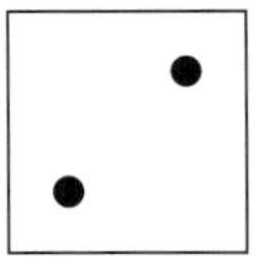

d) 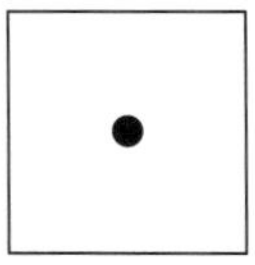

e) 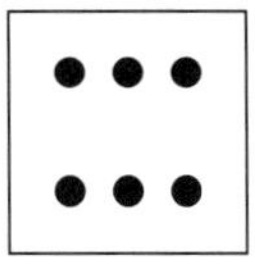

f) 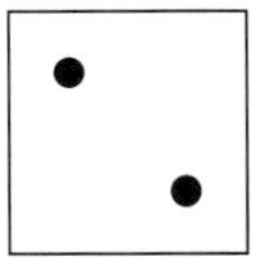

Frage, die Sie nach Bearbeitung der Aufgabe schriftlich beantworten sollen:

Welche Strategie oder Kombination von Strategien haben Sie angewandt?

Beschreiben Sie in Stichworten:

....

....

....

....

....

Würfel der Gruppe 3 – Ganzer Würfel gleich?

Sie haben die gleiche Ausgangslage wie bei den entsprechenden Aufgaben der Gruppen 1 und 2. Entscheiden Sie für jeden der sechs Würfel, ob er dem Modellwürfel entspricht oder nicht. Beantworten Sie die entsprechenden Fragen und begründen Sie Ihre Antwort schriftlich mit einigen Stichworten. Sie können entweder die Strategie der externen Gedächtnisse oder diejenige der Schlussfolgerungen oder eine Kombination der beiden zu Hilfe nehmen. Haben Sie keine Hemmungen, das abgewickelte Modell wenn nötig vorher so umzuzeichnen, dass Sie ein klares Zentrum bekommen. Aber vergessen Sie die Regeln nicht, die Sie in der Frage der letzten Aufgabe entdeckt haben.

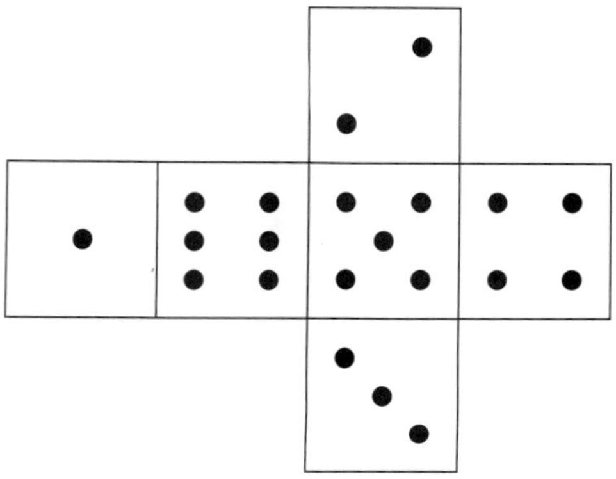

abgewickeltes Modell

Modell

a) 

b) 

c) 

d) 

e) 

f) 

Frage, die Sie nach Bearbeitung der Aufgabe mündlich beantworten sollen:

Haben Sie die Aufgabe eher schwierig oder eher leicht gefunden. Warum?

Würfel der Gruppe 3 – Abwicklungen gleich?

Sie haben die gleiche Ausgangslage wie bei den entsprechenden Aufgaben der Gruppen 1 und 2. Entscheiden Sie für jeden der fünf abgewickelten Würfel, ob er dem Modellwürfel entspricht oder nicht. Beantworten Sie die entsprechenden Fragen und begründen Sie Ihre Antwort mündlich.

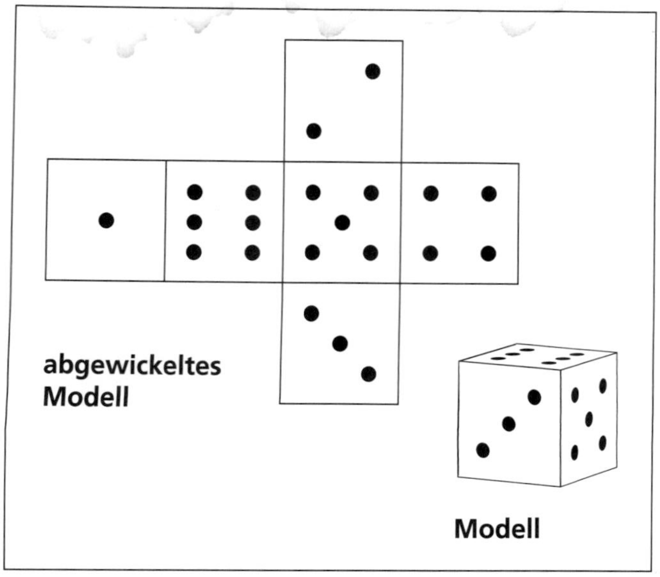

a)

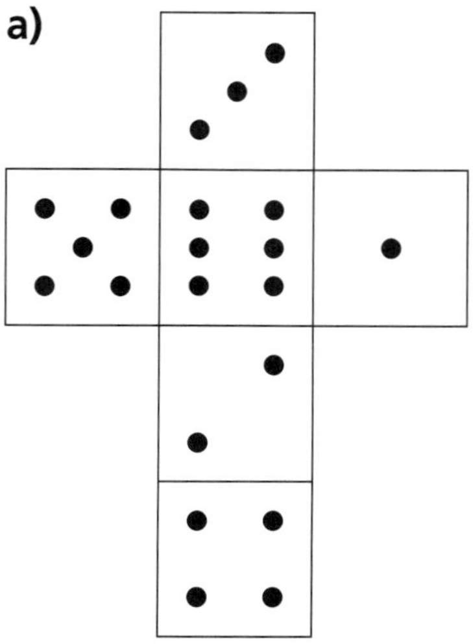

b)

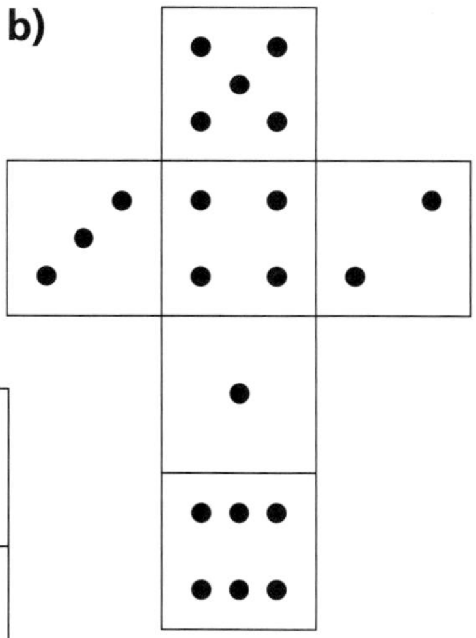

c)

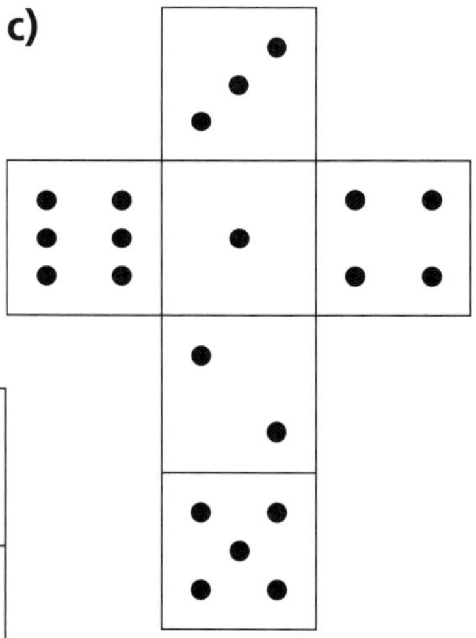

d)

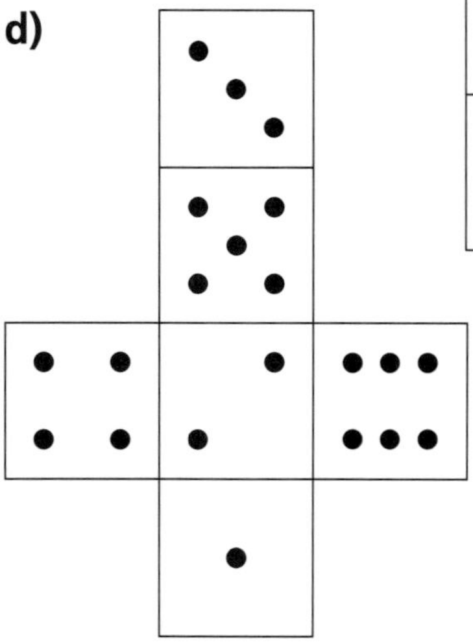

e)

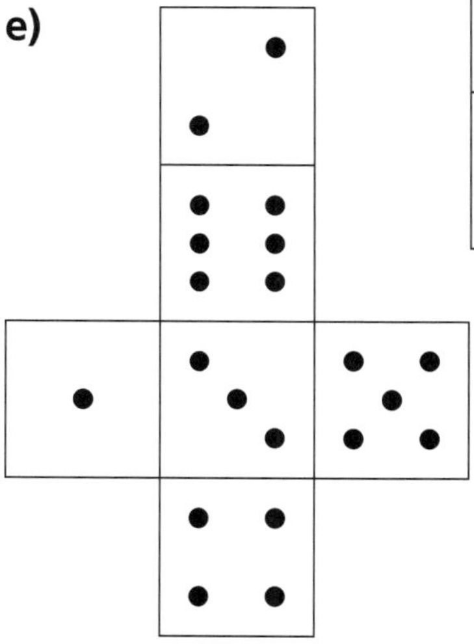

Frage, die Sie nach Bearbeitung der Aufgabe mündlich beantworten sollen:

Bei dieser und der letzten Aufgabe mussten Sie Abwicklungen umzeichnen. Welche weiteren Strategien haben Sie verwendet? Vergleichen Sie die beiden Aufgaben in Bezug auf die verwendeten Strategien.

Turm 2,1.4.3

Oben auf dem Blatt sehen Sie einen abgewickelten Modellwürfel, unten einen Würfelturm. Der Turm ist aus identischen Würfeln konstruiert, die dem Modellwürfel entsprechen. Für die Konstruktion solcher Türme gilt die folgende Regel: Bei aufeinanderliegenden Flächen muss jeder Punkt der einen Fläche auf einem Punkt der anderen Fläche liegen. Es genügt also nicht, dass die beiden Flächen die gleiche Anzahl Punkte haben; diese müssen auch aufeinanderliegen. Kontrollieren Sie, ob diese Regel eingehalten wurde, oder ob es sich um einen falschen Turm handelt. Beschreiben Sie Ihre Strategie und begründen Sie Ihre Meinung.

Frage, die Sie vor Bearbeitung der Aufgabe mündlich beantworten sollen:

Denken Sie, dass diese Aufgabe leichter oder schwieriger sein wird als die Aufgaben der Würfelgruppe 3? Warum?

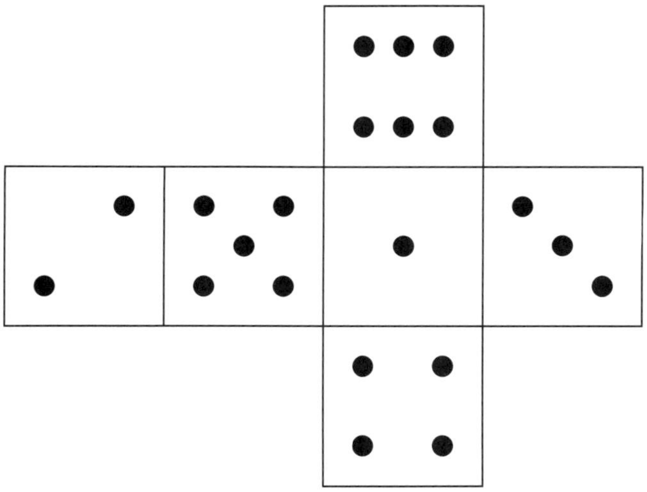

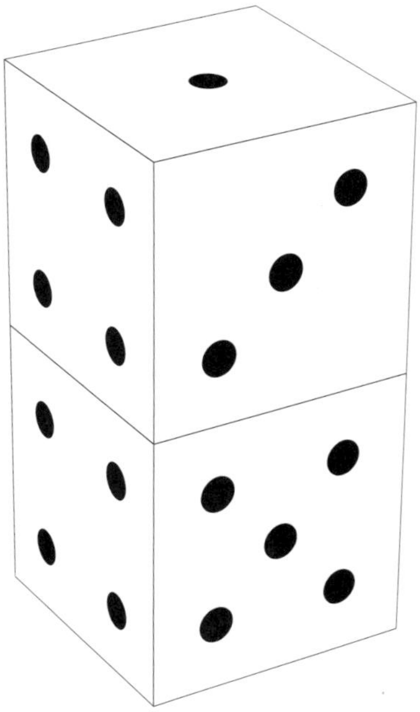

Diese Aufgaben erfordern eine präzise Beschreibung des Modells sowie eine **ausführliche Analyse der Problemstellung.** Hier lohnt es sich bestimmt, Transformationen des Modells (abgewickelter Würfel) zu zeichnen. Dabei gelten die gleichen Transformationsregeln, die Sie schon beim Umzeichnen der Abwicklungen in den Würfel-Aufgaben entdeckt haben. Um Ihre KZG-Kapazität zu schonen, lohnt es sich, zuerst die wichtigsten Regeln schriftlich zu formulieren und sie mit einem mnemotechnisch günstigen Titel zu versehen. **Titel sind dann mnemotechnisch günstig, wenn sie das wichtigste Stichwort der Regel enthalten und gleichzeitig möglichst kurz sind.**

Frage, die Sie nach Bearbeitung der Aufgabe mündlich beantworten sollen:

Sie haben sicher schnell festgestellt, dass die untere Seite des oberen Würfels zwei Punkte enthält. Daraus konnten Sie schliessen, dass die obere Seite des unteren Würfels ebenfalls zwei Punkte haben muss. Welche Strategie haben Sie angewendet, um die Orientierung der Punkte festzulegen?